Butrinti Venecian
Venetian Butrint

Page 1
Battista Agnese, Portolan, Venicie 1553 (Museo Civico Correr, Venicie)
Battista Agnese, Portolan, Venice 1553 (Museo Civico Correr, Venice)

Page 3
Dy fragmente të një vorbe të tipit majolika nga Italia veriore ku paraqitet një luan i pikturuar
Two fragments of a Maiolica jug from northern Italy with the painted image of a lion (Instituti i Arkeologjisë)

Series editor: Inge Lyse Hansen
Design: Silvia Stucky
Printed by: Società Tipografica Romana, Rome

ISBN: 978-0-9535556-4-2

Butrinti Venecian
Venetian Butrint

Andrew Crowson

BUTRINT FOUNDATION
2007

Falënderime

Fondacioni Butrinti dëshiron të falënderojë Venetian Heritage Inc. për mbështetjen në publikimin e këtij libri. Fondacioni dëshiron të falënderojë gjithashtu, bashkepunëtorin e tij kryesor, PacKard Humanities Institute për mbështetjen e tij të pareshtur në punën kërkimore dhe gërmimet arkeologjike në Butrint. Falënderime u detyrohemi Siriol Davies, Oliver Gilkes, Inge Lyse Hansen dhe Richard Hodges. Texti anglisht u përkthye në shqip nga Nevila Molla. Fotografitë dhe hartat janë realizuar nga Richard Andrews, Prue Chiles, Steve Diehl, Brian Donovan, Michael Grayley, Alket Islami, Lala Meredith-Vula, Martin Smith, Studio Inklink (Fierenze), Daniel Wrightson dhe stafi i Fondacionit Butrinti. Me përjashtim të rasteve të specifikuar, e drejta e autoresië së gjithë ilustrimeve i takon Fondacionit Butrinti.

Acknowledgements

The Butrint Foundation would like to thank Venetian Heritage Inc. for support with the publication of this book. The Foundation also wishes to thank its principal collaborator, the Packard Humanities Institute, for its unstinting support with the archaeological excavations and research at Butrint. Thanks are due to Siriol Davies, Oliver Gilkes, Inge Lyse Hansen and Richard Hodges; the English text was translated in to Albanian by Nevila Molla. The photographs and maps are by Richard Andrews, Prue Chiles, Steve Diehl, Brian Donovan, Michael Grayley, Alket Islami, Lala Meredith-Vula, Martin Smith, Studio InkLink (Florence), Daniel Wrightson and the Butrint Foundation team. Unless otherwise stated all illustrations are copyright of the Butrint Foundation.

Permbajtje

Contents

Mbrojtësi dhe syri i djathtë i Korfuzit

Historia e Butrintit, qytetit – port antik është e lidhur ngushtë me historinë e mbarë botës mesdhetare. Duke ofruar ankorim dhe akses në brendësi të Ballkanit malor, pozicioni strategjik i Butrintit në pikën e kontrollit të ngushticës mes Shqipërisë dhe Korfuzit i ka dhënë formë rëndësisë së tij që nga kohërat më të hershme deri në luftrat Napoleoniane.

Me ndarjen e Perandorisë Romake në vitin 395 të e. sonë, Butrinti u bë pjesë e Perandorisë Bizantine nën varësinë e qeveritarit bizantin të Artës dhe mbeti nën varësinë e tij, me përjashtim të një periudhe të shkurtër në fund të shekullit të XI kur ai ra në duart e normanëve të udhëhequr nga Robert Guiscard, deri në fillim të shekullit XIII. Flota normane gjatë tërheqjes së saj nga Korfuzi u asgjësua në brigjet e Butrintit në vitin 1085 nga Republika Veneciane. Në aleancë me bizantinët për të frenuar shtrirjen normane në Adriatik, kjo fitore e kombinuar me konçesione të mëpasshme tregtie shtyu Venecian drejt rrugës së dominimit të tregtisë së Mesdheut.

Vendodhja e Butrintit në Adriatik

Location of Butrint within the Adriatic

The protector and right eye of Corfu

The story of the ancient city-port of Butrint is intimately tied to the history of the greater Mediterranean world. Offering safe anchorage and access into the mountainous Balkan interior, Butrint's strategic location, controlling the narrow straits between Albania and Corfu, framed its importance from earliest times through to the Napoleonic Wars.

With the division of the Roman Empire in AD 395, Butrint became part of the Byzantine Empire subject to the Byzantine governor at Arta, and remained so, aside from a brief period in the late 11th century when it fell into Norman hands under Robert Guiscard, until the beginning of the 13th century. The Norman fleet, in retreat from Corfu, was annihilated at Butrint in 1085 by the Venetian Republic. Allied to the Byzantines in restraining Norman expansion in the Adriatic, this victory, combined with subsequent trading-concession grants by the Byzantine Empire, propelled Venice on the path to pre-eminence in Mediterranean trade.

Venice steadily conspired against her former allies, and as Byzantium's influence weakened following the First Crusade (1096-99), Venice prospered by gaining bases in the Ionian to consolidate her maritime trade between the Adriatic and Aegean Seas.

Butrint, akropoli dhe qyteti i poshtëm

Butrint, the acropolis and lower city

Monedhë e Robert Guiscard (Fitzwilliam Museum, Cambridge)

Coin of Robert Guiscard (Fitzwilliam Museum, Cambridge)

Venecia në mënyrë të vazhdueshme organizoi konspiracione kundër aleatëve të saj të mëparshëm, e ndërkohë që influenca bizantine po dobësohej pas Krujqëzatës së Parë (1096 – 99), fuqia veneciane rritej me aneksimin e bazave në detin Jon që përforcuan tregtinë e saj mes detit Adriatik dhe atij Egje. Me rastin e pjesëmarrjes në rrethimin e qytetit Tire nga kryqëtarët në vitin 1124, flota veneciane sulmoi portet bizantine në Egje dhe Adriatik gjatë rrugës së saj të kthimit, duke fituar kështu konçesione të rëndësishme. Në këmbim të ofrimit të flotës si mbështetje për kryqëzatat pasuese gjatë shekullit të XII, Më e Qeta Republikë Veneciane – *La Serenissima* – e rriti fuqinë e saj deri në arritjen e kontrollit të plotë të tregtisë ndërmjet Evropës dhe Levantit. Kryengritjet anti-perëndimore të vitit 1182 në kryeqytetin Kostandinopojë ishin në pjesën më të madhe të udhëhequra nga venecianët dhe si ndëshkim, vetë Venecia manovroi në mënyrë të tillë që Kryqëzata e Katërt të ishte një ekspeditë kundër qytetit. Asaj iu premtua një shumë e barazvlefshme me 20.000 kg argjend për të transportuar trupat e zotërve feudalë francezë, dhe në vitin 1204 kryqëtaret sulmuan në mënyrë të përsëritur dhe së fundi, plaçkitën e dogjën Konstandinopojën. Fitimtarët ndanë perandorinë mes tyre dhe si një nga fituesit më të mëdhenj, Venecia përvetësoi ishullin e Kretës dhe të Eubesë, si dhe të tjera baza strategjike në Egje, Peloponez dhe Jon. Pas Kryqëzates së Katërt, e cila kaloi përmes Korfuzit e pa dyshim vizitoi edhe Butrintin, si vendlindja legjendare e Juda Iskariotit, ringjallja e tregtisë mesdhetare e frymëzuar nga venecianët ishte ajo që siguroi impulsin për rigjallërimin e jetës në qytetin e Butrintit.

Butrinti, si pjesë e provincave të riorganizuara bregdetare që shtriheshin ndërmjet Glyky dhe Dyrrachium (Durrës) iu dha Republikës Veneciane në vitin 1205, menjëherë pas ndarjes së Perandorisë Bizantine. Të përqëndruar mbi portet, bazat bregdetare dhe stacionet tregtare, e kështu të pa interesuar në sigurimin e zotërimeve në

Participating in the crusaders' siege of Tyre in 1124, the Venetian fleet raided Byzantine ports in the Aegean and Adriatic on its return journey, gaining valuable concessions. On the back of providing fleets to support subsequent crusades during the 12th century, the Most Serene Republic of Venice – the *Serenissima* – grew to dominate trade between Europe and the Levant. Anti-Western riots in the Byzantine capital of Constantinople in 1182 were largely directed at Venetians and, in reprisal, Venice manoeuvred the Fourth Crusade to being an expedition against the city. Venice was promised a sum equivalent to 20,000 kg of silver to transport the troops of the feudal lords of France, and in 1204 the crusaders repeatedly attacked, and ultimately looted and burned, Constantinople. The victors apportioned the empire amongst themselves, and as a major winner Venice gained the islands of Crete and Euboea as well as additional strategic bases in the Aegean, Peloponnese and Ionian. In the aftermath of the Fourth Crusade, which passed through Corfu and doubtless also visited Butrint as the legendary birthplace of Judas Iscariot, the Venetian-inspired resurgence of Mediterranean trade was to provide an impetus for the re-settlement of the city of Butrint.

Thesar monedhash i fundit të shek. XII nga pallati i Trikonkës

Late 12th-century coin hoard from the Triconch Palace

Kalaja e akropolit

The Acropolis Castle

territoret e brendshme epirote, venecianët lejuan Despotatin e Epirit (një shtet pasues i Perandorisë Bizantine) nën drejtimin e Mihal Konmeni Dukas (një kushëri i dy perandorëve të mëparshëm bizantinë) të qeverisë rajonin si vasal i tyre, në këmbim të garancisë për mbrojtje dhe tregti të lirë. Të etur për të siguruar pushtetin e tyre, despotët ndërtuan në akropol një kështjellë të vogël të përbërë nga dy kulla dhe organizuan një fushatë rinovimi të plotë dhe zgjerimi të sistemit fortifikues egzistues, duke ndërtuar mure të rinj rrethues, kulla dhe porta. Mihal I ishte një aleat i paqëndrueshëm për venecianet, duke kthyer shpesh armët kundër tyre, madje edhe duke u marrë Korfuzin për një kohë të shkurtër në vitin 1214.

Në vitin 1259, Butrinti kaloi nëpërmjet një lidhje martesore në duart e Manfred Hohenstaufen, mbretit të Sicilisë, i cili ia dorëzoi territoret e tij Karlit Anzhu në vitin 1267. Një Perandori Bizantine e rimëkëmbur përvetësoi qytetin në vitin 1276, por ky i fundit u rifitua nga despotët e Epirit dhe iu kthye aleatëve të tyre anzhuinë në vitin 1279. Pasoi një shekull intrigash dhe luftimesh në Shqipëri dhe Epir, gjatë të cilit Butrinti u rifortifikua ndoshta rreth fundit të shekullit të XIII ose fillimit të shekullit të XIV, ndërkohë që anzhuinët gjithnjë e më shumë po humbisnin interes. Nga mesi i shekullit të XIII Venecia gjithnjë e më

Enë e tipit proto-majolika (?) nga Italia jugore ku paraqitet imazhi i një zogu të pikturuar

Proto-maiolica (?) dish from southern Italy with image of a painted bird

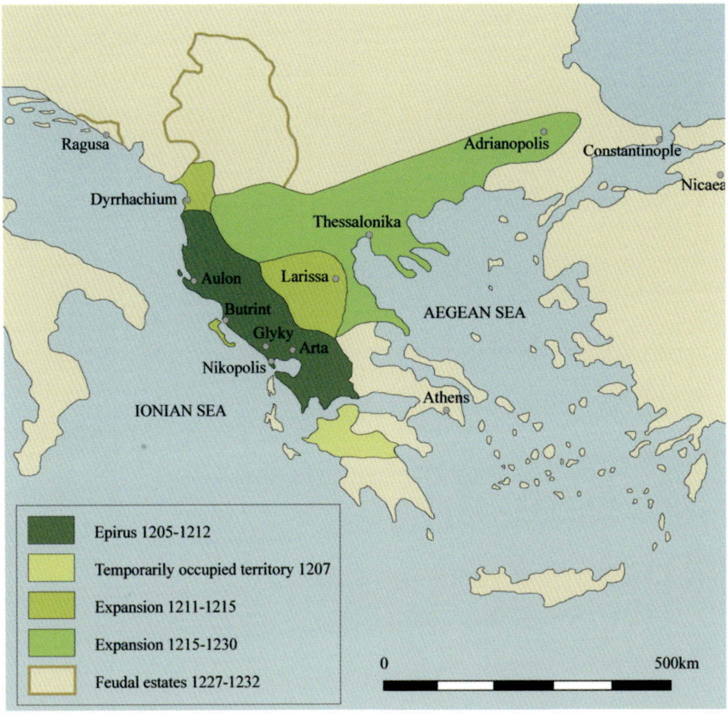

Despotati i Epirit, vitet 1205 - 30

The Despotate of Epirus, 1205-30

Butrint, falling within the allotted coastal provinces between Glyky and Dyrrhachium (Durrës), was ceded to the Venetian Republic in 1205 following the partition of the Byzantine Empire. Concentrating on ports, coastal bases and trading stations, and therefore not interested in taking possession of the Epirote mainland, the Venetians allowed the Despotate of Epirus (a successor state of the Byzantine Empire), under Michael Komnenos Doukas (a cousin of two former Byzantine emperors), to rule the region as their vassal in return for assurances of protection and free trade. Eager to secure their dominion, the Despots built a small castle consisting of a pair of towers on the acropolis and set about a complete renewal and expansion of the existing fortification system building new wall circuits, towers and gates. Michael I was an unreliable ally for the Venetians, however, often arming against them and even briefly taking Venetian Corfu in 1214.

In 1259 Butrint passed by marriage to Manfred of Hohenstaufen, King of Sicily, who subsequently forfeited his territories to Charles of Anjou in 1267. A resurgent Byzantine Empire took the city in 1276, but it was regained by the Epirote Despots and returned to their Angevin allies in 1279. A century of intrigue and warring in

Mur i tipit proteikisma *në zonën perëndimore të fortifikimeve*

Late Roman proteichisma *wall at the Western Defences*

shumë po kërkonte mundësi të shfrytëzonte dobësimin e anzhuinëve për të marrë në zotërim ishullin jonian të Korfuzit (e bashkë me të Butrintin - qytetin në anën tjetër te urës), Zakynthosin dhe Qefaloninë për të çimentuar pushtetin në bazat e saj bregdetare në Adriatikun Dalmat. Në vitin 1386, pas vdekjes së Karlit III Anzhu kësaj ambicjeje i erdhi suksesi: Republikës iu dha mundësia të negocionte blerjen e Butrintit dhe Korfuzit.

Butrinti venecian ishte një enklavë e fortifikuar nga të katër anët – *insula Botentro* – kufijtë e të cilës do të përcaktoheshin më vonë në një distancë të përshkueshme brënda një ore, me portin dhe dajlanë fitimprurës peshqish në zemër të saj. Si në vitin 1387 edhe në atë 1394, survejimet e kufijve të enklavës (të cilët me siguri ishin prej muresh të përforcuar me kulla katrore në zonën përmes gadishullit të Ksamilit, në veri të Butrintit, por në pjesën tjetër ishin ndoshta prej druri) konstatuan rrënimin e tij dhe nuk e panë të arsyeshëm shpenzimin e 1.000 dukatëve, të nevojshëm për rindërtimin e tyre. Në kohën e sërvejit të dytë thuhet se *castrum*-i i Butrintit kishte gjithashtu nevojë për riparim, por nuk egzistojnë të dhëna nëse u siguruan fonde për të.

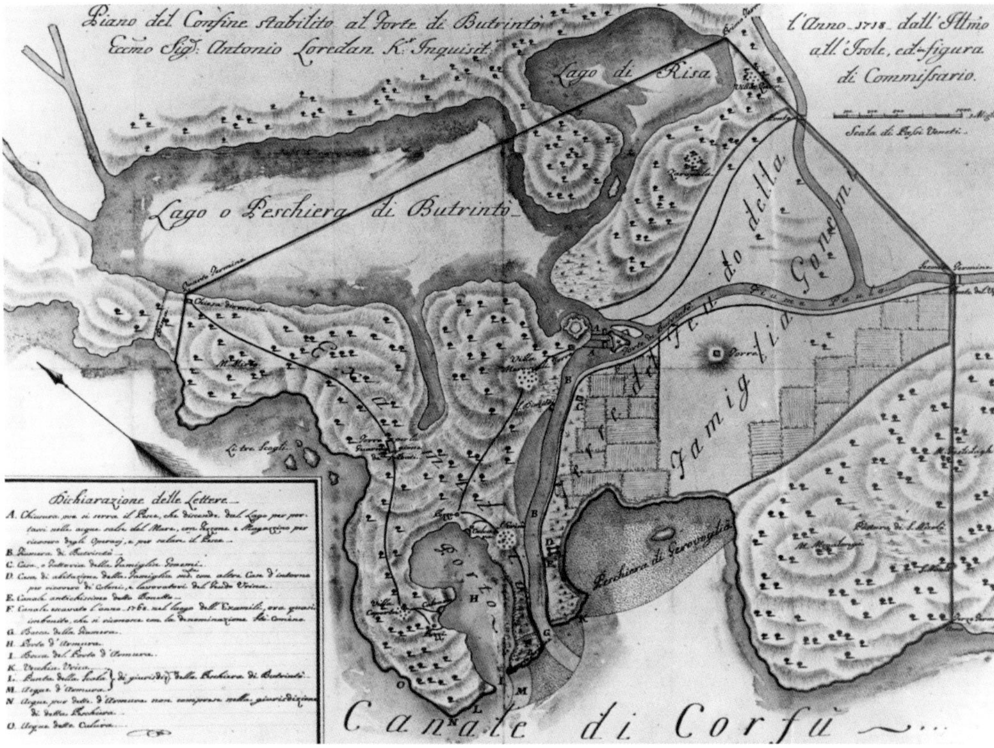

Albania and Epirus followed, during which Butrint was refortified, probably during the later 13th or earlier 14th centuries, as the Angevins became increasingly beleaguered. From the mid-1300s Venice increasingly sought opportunities to exploit Angevin weaknesses and take possession of the Ionian islands of Corfu (and with it the bridgehead of Butrint), Zakynthos and Kephallonia to cement her Adriatic coastal powerbase in Dalmatia. Then, in 1386, following the death of Charles III of Anjou, came success in this ambition: the Republic was able to negotiate the purchase of both Butrint and Corfu.

Enklava veneciane në Butrint, viti 1718 (Museo della Civiltà Romana)

The Venetian enclave at Butrint, 1718 (Museo della Civiltà Romana)

Venetian Butrint was a four-sided fortified enclave – the *insula Botentro* – whose borders were later to be fixed at one hour's distance, with the port and lucrative fishing weirs at its heart. Both in 1387 and 1394, surveys of the enclave boundaries (which were certainly built of masonry with projecting rectangular towers across the Ksamili peninsula north of Butrint, but elsewhere were perhaps of timber), found the fortifications reduced but not meriting the cost of 1,000 ducats that reconstruction would incur. At the time of the

Qeramikë e tipit majolika dhe sgrafito nga Italia verirore dhe një çibuk prej balte nga Hollanda, sot në Muzeun e Butrintit

Maiolica and Sgrafitto wares from northern Italy and a clay pipe from Holland, now in the Butrint Museum

Vendbanimi fillimisht u zhvillua nën qeverisjen direkte të venecianëve, duke eksportuar peshk, lëndë drusore, ullinj e gjedhë, si dhe sharg arrash për ngjyrosje dhe mjekime, e duke importuar prodhime cilësore prej qeramike nga Italia e veriut. Qeramikë veneciane është gjetur nga gërmimet në pjesën e poshtme të qytetit, që daton që nga fundi i shekullit të XIII, por zbulimi i një sasie të madhe qeramike nga Italia e veriut në shtresa të fundit të shekullit të XIV flet qartë për ndikimin që pati zotërimi venecian mbi qytetin. Një ndikim i dytë, përkatësisht konflikti i vazhdueshëm i Republikës me Perandorinë Otomane gjithnjë e më e fuqishme e agresive, ishte ndoshta më pak i mirëpritur, duke qenë një ndikim që vendoste Butrintin edhe një herë në linjën e zjarrit. Në vitin 1454 Caniz Zibei në krye të 10.000 trupave rrethoi Butrintin, por qyteti u mbrojt me shumë kurajo nga korfiotet duke shkaktuar humbje të rëndë dhe tërheqje për turqit.

Një fortesë trekëndore u ndërtua në ishullin buzë kanalit të Vivarit, pasuar nga ndërtimi i një kulle në buzë të qytetit për të mbrojtur rezervuarët e peshkut në liqenin e Butrinit. Në mesin e shekullit të XV një *castellan* vazhdonte ende t'i raportonte qeveritarit të Korfuzit, por megjithëse qeramika italiane e importuar e kësaj periudhe tregon se Butrinti vazhdonte të kishte një treg të lulëzuar, duket se pjesa më e madhe e qytetit mesjetar po braktisej. Sipas historianit venecian të Korfuzit, Andrea Marmora, qyteti u braktis përfundimisht në vitin 1572, në favor të fortesës trekëndore e në përputhje me këtë pohim,

Kulla veneciane pranë kanalit të Vivarit

The Venetian Tower by the Vivari Channel

second survey the *castrum* of Butrint was also said to be in need of repair, but there is no record of whether the funds were provided.

The settlement initially prospered under direct Venetian rule, exporting fish, timber, olives and cattle, as well as gallnuts for dying and medicines, and importing fine ceramics from northern Italy. Venetian pottery has been found in excavations of the lower city, dated as early as the late 13th century, but the appearance of large amounts of wares from northern Italy in late 14th-century deposits clearly illustrates the impact Venice's purchase had on the city. A second impact, namely the Republic's ongoing conflicts with the burgeoning and aggressive Ottoman Empire, was perhaps somewhat less welcome, as Butrint was brought once more into the firing line. By the early 15th century the Ottomans had conquered almost all of Albania while the Venetians clung on, embattled in Butrint. In 1454, Caniz Zibei besieged Butrint with 10,000 troops, but it was valorously defended by the Corfiots and the Turks suffered heavy losses and retreated.

A triangular fortress was constructed on an island in the Vivari Channel followed by a substantial tower on the city side to help safeguard Lake Butrint's fisheries. In the middle of the 15th century a *castellan* still reported to the governor of Corfu, but although imported Italian pottery of this date shows that Butrint retained a flourishing market, it seems that much of the medieval town was becoming deserted. The old city was, according to the Venetian

Fortresa trekëndore, rreth vitit 1930 (Instituti i Arkeologjisë)

The Triangular Fortress, c. 1930 (Instituti i Arkeologjisë)

gërmimet kanë vënë në dukje mungesë monedhash apo qeramike tavoline të importuar nga shekulli i XVI e në vazhdim; disa fragmente qeramike nga Veneto dhe Italia veriore dëshmojnë të paktën, për zotërimin venecian të qytetit të poshtëm.

Një garnizon venecian vazhdoi të qëndronte në Butrint deri në shekullin e XVIII. Burimet flasin për riparim të ndjeshëm të fortifikimeve në mesin e shekullit të XVII, një periudhë kur peshkoret kalonin sa në duart e venecianëve, në ato të otomanëve. Është e mundur që rreth të njëjtës kohë të jenë ndërtuar kulla vëzhgimi të izoluara si stacione sinjalizimi. Përpjekjet e ndryshme për të pushtuar Butrintin ishin në secilin prej rasteve pjesë e fushatave më të gjera që synonin marrjen e Korfuzit. Një përpjekje e tillë u bë nga sulltan Sulejmani i Madh në vitin 1537 (i cili thuhet se sulmoi Korfuzin nëpërmjet një ure prej anijesh të vendosura në linjë e cila kalonte përmes ngushticës duke filluar nga Butrinti), nga sulltan Selimi II ne 1571 dhe përsëri nga sulltan Ahmeti III ne 1716. Harta të kohës vënë në dukje rëndësinë e vazhdueshme të Butrintit si barriera lindore në ngushticën e Korfuzit. E në fakt, deri në fund të egzistencës së Republikës Veneciane në vitin 1797, Butrinti mbeti *tutela ed ochio dextro* (mbrojtësi dhe syri i djathtë) i Korfuzit.

Butrinti venecian, rindërtim

Venetian Butrint, reconstruction

historian of Corfu, Andrea Marmora, finally abandoned in favour of the triangular fort in 1572 and, accordingly, finds of coins and imported table wares are absent from excavation assemblages from the late 16th century onwards; a few pottery fragments from the Veneto and northern Italy testify to the latest Venetian occupation of the lower city.

The Venetians retained a garrison at Butrint well into the 18th century. The sources reveal major refurbishment of the fortifications in the mid-17th century, a period when the fisheries passed back and forth between the Venetians and Ottomans. Isolated watchtowers may have been constructed as signalling stations around the same time. Various Ottoman efforts to seize Butrint belonged on each occasion to greater campaigns to take Corfu. This was attempted by Sultan Suleiman the Magnificent in 1537 (who allegedly besieged Corfu via a bridge of boats strung across the Straits from Butrint), by Sultan Selim II in 1571 and again by Sultan Ahmed III in 1716. Maps of the period show Butrint's continued importance as an eastern bulwark on the Straits of Corfu. Indeed, up until the end of the Venetian Republic in 1797, Butrint remained the *tutela et ochio dextro* (the protector and right eye) of Corfu.

Mes lindjes dhe perëndimit: kalaja e akropolit dhe muri rrethues mbrojtës

Një nga ndërtesat më të rëndësishme të Butrintit – kalaja e akropolit – është tashmë në pjesën e saj më të madhe një rindërtim i viteve 1930: një kullë në brendësi të një strukture pesekëndore me mure tipikë fortifikimi. Megjithatë, fragmente të muraturës origjinale, një skicë e realizuar nga Eward Lear në vitin 1857 dhe fotografi të realizuara nga arkeologu italian, Luigji Maria Ugolini në vitet 1920 dhe '30, të kombinuara mundësojnë imagjinimin e formës dhe fuqisë së fortesës origjinale mesjetare, të dy kullave të larta e të oborrit të brendshëm të saj. Bashkë me murin rrethues mbrojtës ky sistem daton ndoshta rreth fundit të shekullit të XIII, një periudhë ringjallje për Butrintin si qytet nën qeverisjen e despotëve të Epirit, kryesisht nën atë të Mihalit I dhe Mihalit II. Andrea Marmora, historiani i Korfuzit në shekullin e XVII, sugjeron se Butrinti u fortifikua nga despoti Mihal II në vitin 1236 edhe pse një ndërmarrje e tillë nuk mund të verifikohet. Sidoqoftë, mendohet se një program i gjerë për ndërtim fortifikimesh filloi të realizohej në vitet e para të periudhës së Despotatit të Epirit.

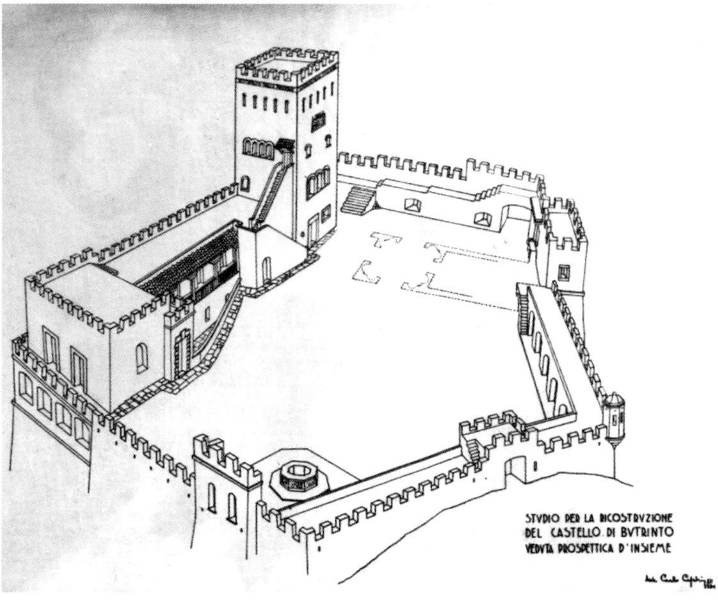

Plan për rindëtimin e kalasë së akropolit, rreth vitit 1930 (sipas Ugolinit, 1937)

Plan for reconstruction of the Acropolis Castle, c. *1930 (after Ugolini 1937)*

Between east and west: the Acropolis Castle and defensive wall circuits

Butrint's most prominent building – the Acropolis Castle – is now largely a reconstruction of the 1930s: a substantial tower within a pentagonal enclosure with battlemented walls. However, fragments of original masonry, a sketch made by Edward Lear in 1857 and photographs taken by the Italian archaeologist Luigi Maria Ugolini in the 1920s and 30s combine to convey the powerful original form of the medieval fortress, its two high towers and adjoining large open bailey. Along with the accompanying defensive wall circuits, this arrangement probably dates to the 13th-century revival of Butrint as a town under the Epirote Despots, principally Michael I and Michael II. Andrea Marmora, the 17th-century historian of Corfu, suggested that Butrint was fortified by Despot Michael II in 1236, although this cannot be verified. Rather, it is presently believed that extensive fortification building programmes began in the early years of the Despotate.

Erected at the western end of the acropolis hill, the castle provided clear views of the Straits of Corfu and the Vivari Channel.

Pamje ajrore e kalasë së akropolit, kanalit të Vivarit dhe ngushticës së Korfuzit

Aerial view of the Acropolis Castle, the Vivari Channel and Straits of Corfu

Muret mbrojtës të kalasë së akropolit

The defensive walls of the Acropolis Castle

Ndërtuar në këndin perëndimor të kodrës së akropolit, kalaja ofronte pamje direkte mbi ngushticën e Korfuzit dhe kanalin e Vivarit. Ndërtesa më të hershme, ndoshta të periudhës romake duket se janë spastruar për t'i bërë vend ndërtimit të kalasë së re, e cila filloi si një zonë e rrethuar me mur fortifikues të pajisur me kulla, në brendësi të të cilit ngrihej një kullë e vetme dykatëshe. Despotët ndërtuan fortesën e tyre kryesore në kryeqytetin e dikurshëm të mbretit Pirro, Artë, por për nga dimensionet kalaja e Butrintit dhe rrethimi i akropolit mund të krahasohen me fortesën korfiote të Gardikit ndërtuar nga Mihali II, e ndoshta me fortesën anzhuine në Kasiope me portën e saj madhështore dhe bastione projektuese nga të gjitha anët. Ndoshta më e shquara nga kalatë e Despotatit të Epirit është ajo e Rogoit, 14 km në perëndim të Artës, e vendosur ashtu si dhe Butrinti mbi një gadishull të theksuar, me një fortesë me kulla, një rrethim për *castellan*-in si dhe me kulla përgjatë murit rrethues.

Një seri e re muresh rrethues u ndërtua në shekullin e XIII për të shoqëruar dhe para-mbrojtur kalanë e akropolit. Ky program përfshiu ndërtimin e një muri me kulla përreth akropolit, riparimin e murit rrethues të antikitetit të vonë (shekulli i V) përgjatë kanalit të Vivarit, dhe të murit me porta që lidhte rrethimin e sipërm me atë të poshtëm duke filluar nga pika në afërsi të Portës së Liqenit të periudhës helenistike. Në këtë mënyrë, një zonë e ndarë dhe e mbrojtur, si dhe një lagje e re dhe e rëndësishme e qytetit u krijua në pjesën veriore të tij ('çitadela veriore').

Muri fortifikues i akropolit, i cili arrinte në një lartësi prej rreth 4 m rrethonte të gjithë kreshtën e kodrës. Edhe pse për momentin janë të pa vizitueshme, në atë periudhë u ndërtuan pesë hyrje të mbrojtura

Vrima në formë katrore të skelës së ndërtimit, të periudhës mesjetare

Medieval square scaffold-pole holes

Stili i gurëve të vendosur diagonalisht, karakteristikë e periudhës mesjetare

Characteristic medieval diagonal stone styling device

Earlier, probably Roman, buildings were cleared to make way for the new castle, which began as a fortified enclosure with projecting towers and a single inner keep with two floors. The Despots instituted their fortress capital at King Pyrrhus's former capital, Arta, but in scale the Butrint castle and acropolis enceinte can better be compared with the Corfiot fortresses at Gardiki, built by Despot Michael II, and perhaps the Angevin fort of Kassiope, with its great gate and projecting bastions on all sides. Perhaps the finest of the Epirote Despot castles is at Rogoi, 14 km west of Arta, situated like

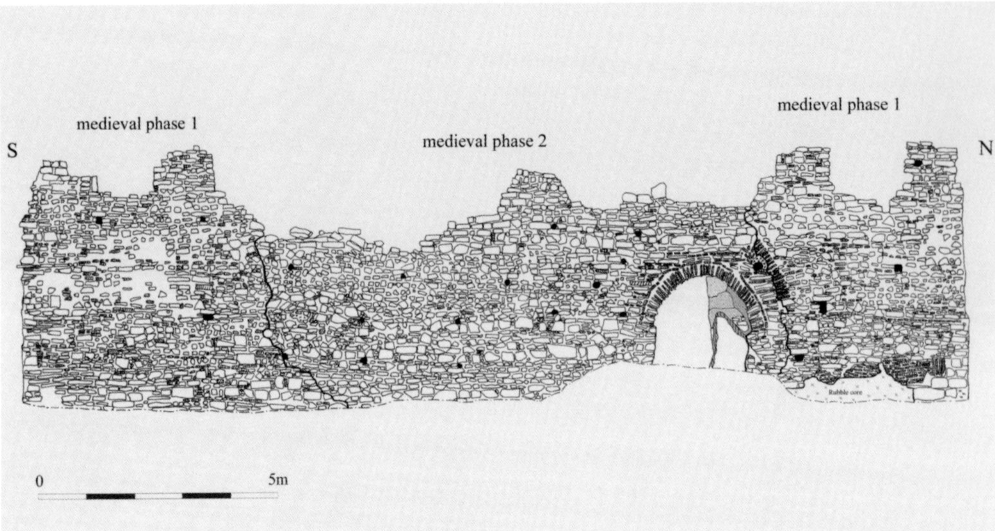

Porta e ujit

The Water Gate

me kulla dhe të shoqëruara nga posterna. Një zgjerim në drejtim të pjesës së poshtme të akropolit, duke filluar nga këndi perëndimor i tij, krijonte një zonë të ngushtë të mbrojtur nga dy linja muresh që siguronin kontroll të plotë të ngjitjes në majen e kodrës. Në të njëjtën kohë me fortifikimin e akropolit u krye edhe riparimi i murit rrethues në pjesën e poshtme të gadishullit. Muret helenistike që tani siguronin mbrojtjen e çitadelës veriore përgjate bregut të liqenit, u ngriten deri në 8 m lartësi; një fragment muri karakteristik me vrima katrore të skelës së ndërtimit shihet ende në pjesën ndërmjet Portës së Liqenit dhe Portës së Luanit. Kjo fazë fillestare mesjetare e ndërtimit të mureve të qytetit karakterizohet gjithashtu, nga përdorimi i muraturës prej gurësh gëlqerorë me rradhë të qarta dhe me llaç të trashë gëlqereje, shpesh i përdorur me bollshmëri; ndonjëherë ndeshet edhe një element stilistik i përbërë nga grupe prej katër ose më shumë gurësh të vendosur në pozicion diagonal. Sasi të konsiderueshme *spolia* – materiale të ardhur nga ndërtesa më të hershme – janë përdorur në ndërtimin e mureve duke përfshirë edhe blloqe gurësh gëlqerorë të mureve helenistike dhe elementë nga ndërtesa romake prej tulle ose gurësh; gurë gëlqerorë të punuar janë ripërdorur si arkitrarë në ndërtimin e hyrjeve.

Gjetkë në qytetin e poshtëm, muri rrethues përgjatë bregut të kanalit u pajis me ledh kalimi ose platformë luftimi; kullat e proteikismës dhe të fortifikimeve perëndimore të shkatërruara nga një zjarr në fillim të shekullit të IX, u rindërtuan duke shfrytëzuar rrënojat e mbijetuara. U ndërtuan porta të reja, ndër të cilat më e

Butrint on a pronounced bluff with a towered enceinte and a *castellan*'s enclosure with towers against the circuit wall.

Porta e ujit

The Water Gate

A new series of defensive walls was constructed in the 13th century to accompany and fore-guard the Acropolis Castle. This design comprised the construction of a wall with towers around the acropolis, the refurbishment of the late Roman (5th-century) channel-side circuit, and a gated wall linking both upper and lower circuits beginning close to the Hellenistic Lake Gate. Thereby a separate defended enclosure, and a new important quarter for the town, was created on the north side of the city (the 'northern citadel').

The acropolis fortification wall, which stood to a height of c. 4 m, encompassed the entire hilltop. Although they are presently inaccessible to visitors, five new, strong towered gateways were constructed with adjacent posterns. Down-slope extensions from the west end of the acropolis created a long narrow bailey guarded by twin walls covering access to the hilltop. At the same time that the acropolis was fortified, the lower circuit was refurbished. The Hellenistic walls, which now provided shoreline defence for the northern citadel, were raised up to 8 m high; a characteristic section of wall with square scaffold-pole-holes is visible between the Lake Gate and the Lion Gate. This initial medieval phase of city wall construction is also defined by the use of limestone masonry with clear lifts, or levelling courses, and thick limestone mortar often liberally applied; a stylistic device comprising groups of four or more stones together was sometimes set diagonally in the wall.

Ndërtim i murit mesjetar, rindërtim

Medieval wall construction, reconstruction

rëndësishmja është porta në pikën e kapërcimit të kanalit, pranë bazilikës së madhe. Kjo portë përbëhet nga një ambient katror hyrës, ndërsa një kullë që projekton në drejtim të ujit i ofron mbrojtje anësore nga sulmet. Porta e Ujit zëvendësoi Portën me Kulla të periudhës helenistike dhe afrimi drejt saj realizohej vetëm me varkë. Dyer posterne u riparuan ose u ndërtuan sërishmi përgjatë murit të poshtëm rrethues, duke sugjeruar hyrje të lirë por të mbrojtur nga kanali i Vivarit në qytetin e poshtëm. Gërmimet dëshmojnë se pjesë të qytetit të poshtëm funksionin në këtë periudhë si tregje të vegjël stinorë, të mbështetur mbi të ardhurat nga peshkimi, të cilët përfshinin brenda kufijve të tyre ndërtesa vernakulare prej druri dhe kisha të shoqëruara me varreza.

Arkitektura e kalave të Despotatit të Epirit të fillimit të shekullit të XIII është ndjeshëm më pak e zhvilluar në krahasim me shembujt në Tokën e Shenjtë, Peloponez, apo Italinë e jugut. Kështu, sistemi fortifikues i Butrintit u përforcua më tej, ndoshta pasi Butrinti ra në duart e anzhuineve në fund të shekullit të XIII; me siguri vitet e turbullt të fundit të shekullit XIII dhe fillimit të shekullit XIV ofrojnë një kontekst të mundshëm për punime të tilla. Një kullë e dytë (e njohur vetëm nëpërmjet fotografive dhe vizatimeve të Ugolinit) u shtua brenda zonës së fortifikuar, ndoshta si rezidenca e *castellan*-it, e ngjashme me atë në kreshtën shkëmbore të sitit të Angelokastros, në Korfuz.

Përqasja nga toka për në Kalanë e Akropolit nëpërmjet portës perëndimore të periudhës helenistike u rimodelua dhe përforcua me një oborr të fortifikuar të jashtem shtesë, që para-mbronte hapjet në perëndim, mbikqyrte shpinën veriore poshtë akropolit dhe vizitorin që

Considerable quantities of *spolia* – materials derived from earlier buildings – were incorporated into the walls, including limestone ashlars from the Hellenistic walls and elements of Roman brick and stone buildings; fine ashlars were re-used as lintels in gateways.

Elsewhere in the lower city, the late Roman waterfront wall was fitted with a rampart walk or fighting platform; towers in the *proteichisma* of the western defences, destroyed by fire in the early 9th century, were expediently rebuilt on the burned out ruins. New gates were constructed, most prominently the Water Gate at the crossing point of the Vivari Channel close to the Great Basilica. This gateway formed a rectangular inlet into the wall circuit, with a tower on the seaward side providing lateral protection from attack. The Water Gate superseded the long-lived Hellenistic Tower Gate and would have been approached only by boat. Postern gates were maintained or newly built at regular intervals within the lower circuit, suggesting free but defended access from the Vivari Channel to the lower city. Excavations indicate that parts of the lower city were at this time confined to use as a periodic market based on the affluence gained from fishing, comprising simple vernacular timber buildings and churches with associated burial grounds.

The early 13th-century architecture of the Epirote Despot castles is markedly less developed in comparison to examples in the Holy Land, the Peloponnese or southern Italy. Hence, the defensive system at Butrint was subsequently strengthened, possibly after it

Dy kulla të akropolit përpara rindërtimit (Instituti i Arkeologjisë)

Two towers on the acropolis prior to reconstruction (Instituti i Arkeologjisë)

Bastion trekëndor pranë portës perëndimore

Triangular bastion by the West Gate

përshkonte korridorin mes dy mureve të lartë. Ky oborr shtesë u krijua nëpërmjet ndërtimit të një muri nga kulla mesjetare pranë portës perëndimore deri tek pjesa e poshtme e akropolit, duke kufizuar ngjitjen për në kreshtën e kodrës në një kalim shumë të ngushtë. Muri i ri u përforcua në mënyrë dramatike me ndërtimin e një bastioni të madh trekëndor, faqet e të cilit përbëheshin nga blloqe të bardhë gëlqeror dhe tulla si për të prodhuar efektin e tabelës së shahut. Frëngji shigjetash shponin murin pranë portës perëndimore, të pozicionuara me këndin e vështrimit drejt rrugës së hyrjes.

Muret e çitadelës në pjesën veriore të akropolit u riparuan gjatë të njëjtës periudhë. Si pjesë e këtij programi, bllokimi i gjithë portave - posterne të mëparshme mesjetare të murit të akropolit mbylli kalimin nga çitadela veriore në pjesët e tjera të qytetit dhe ndoshta tregon një zhvendosje të interesit në akropol dhe qytetin e poshtëm. Muri rrethues i shekullit të V përgjatë bregut u rifortifikua gjithashtu, duke përfshirë shtimin ose rindërtimin e jo më pak se 8 kullave të pajisura me bastione në pika kyçe. Ledh - kalimi përgjatë mureve është zona më e përshtatshme për të vështruar kullat, veçanërisht kullën e re pranë pallatit të trikonkës.

Faza e dytë e ndërtimeve dhe riparimeve mesjetare karakterizohet, nga përdorimi i fragmenteve të tjegullave, shpesh të pozicionuara në grupe prej tre fragmentesh, si dhe nga përdorim i gjerë i *spolia*-s. Përdorimi i tjegullave si mbushje është i kudondeshur në gjithë Shqipërinë dhe Greqinë e veriut gjatë shekujve XIII - XIV; një segment

Kullë mesjetare në murin rrethues buzë kanalit

Medieval tower in the waterfront circuit

was acquired by the Angevins in the later 13th century; certainly, the turbulent years at the end of the 13th and beginning of the 14th centuries provide a likely context for this work. A second tower (known only from Ugolini's photographs and drawings) was added within the keep enclosure, perhaps the *castellan*'s residence similar to that at the cliff-top site of Angelokastro on Corfu.

The landward approach up to the Acropolis Castle through the Hellenistic West Gate was remodelled and formidably reinforced with a subsidiary outer bailey fore-guarding the western approaches, overlooking the northern skirt below the acropolis and channelling visitors between two high walls. This additional bailey was created by a new wall built from the medieval tower by the West Gate down to the foot of the acropolis, confining access to the hilltop to a murderously narrow passage. The new wall was dramatically reinforced with a massive triangular bastion faced with white limestone blocks and tiles to produce a chequerboard effect. Arrow slits pierce the wall near the West Gate, angled to point down the approach route.

The walls of the citadel on the north side of the acropolis were refurbished during the same period. As part of this programme, blocking all the earlier medieval postern-gates in the acropolis wall closed off access from the northern citadel to other parts of the city, and perhaps indicates a shift in settlement emphasis to the acropolis and lower city. The lower, 5th-century waterfront wall

Fortifikimet e Butrintit mesjetar

The defences of medieval Butrint

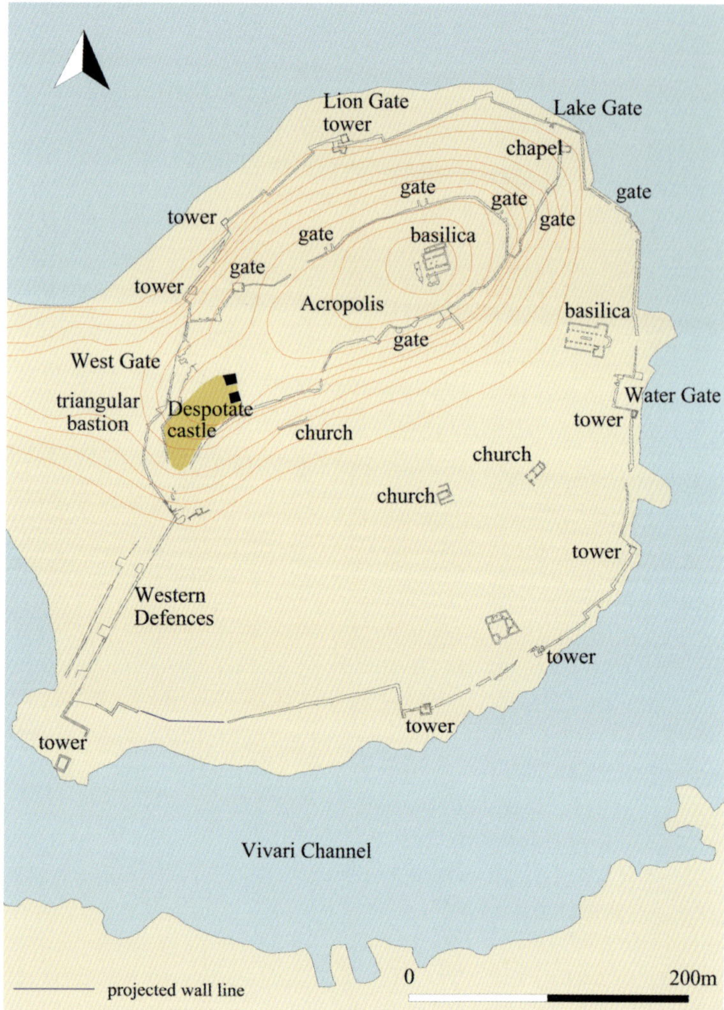

muri i ngjashëm në Berat, në Shqipërinë qëndore, datohet nëpërmjet një monogrami prej tullash, autorësia e të cilit i atribuohet Despotit Mihal I. Karakteristika më e shquar e kësaj faze, e cila mundëson dallimin e menjëhershëm nga ndërtimet më të hershme mesjetare është shfaqja e vrimave rrethore të skelës së ndërtimit të veshura me llaç, të cilat janë rezultat i përdorimit të drurit të pa punuar (d.m.th. jo katror). Dy fazat dhe stilet e ndryshëm të ndërtimeve mesjetare mund të shihen me lehtësi në pjesën e jashtme të Portës së Ujit.

Pushteti i Venecias u ndërtua mbi tregtinë e saj dhe me një ushtri jo të madhe Republika mbështetej ndjeshëm mbi flotën e saj të

Fortifikimet veneciane buzë liqenit

Venetian lakeshore defences

circuit was refortified too, including the addition, or rebuilding, of as many as eight towers with additional bastions at key points. The channel-side walk along the walls is the best place to view the towers, particularly the new tower by the Triconch Palace.

The second phase of medieval constructions and repairs is typified by the inclusion of tile fragments, often stacked in groups of three, and a greater use of *spolia*. Use of tile packing is prevalent in constructions throughout Albania and northern Greece during the 13th-14th centuries; a comparable wall-section at Berat in central Albania is dated by a brick monogram suggested to be that of Despot Michael I. The most characteristic feature of this phase, and which allows ready distinction from the earlier medieval constructions, is the appearance of circular scaffold pole holes lined with mortar that are the result of the use of non-prepared (i.e. not squared) timbers. The two distinct phases and styles of medieval building can readily be seen in the waterfront face of the Water Gate.

Venice's power was built on its trade, and with no great standing army the Republic relied heavily on its powerful fleet. In order to secure their maritime trading routes between the Adriatic and Aegean Seas, and with one eye on the increasingly powerful and aggressive Ottoman Empire, the Venetians embarked upon campaigns of refortifying coastal castles in their colonial toeholds in the Ionian islands, the southern Greek mainland, the Morea and

Portë e oborrit të jashtëm me kanale në mur për të fiksuar portkulis

Outer bailey gate with portcullis slot

fuqishme. Për të siguruar rrugët e tregtisë së saj detare mes Adriatikut dhe Egjeut, venecianet organizuan fushata për rifortifikimin e kalave bregdetare dhe kolonive të vogla në ishujt jonianë, në pjesën e brendshme të Greqisë së jugut, në More dhe në vetë Egjeun. Butrinti nuk bënte përjashtim nga kjo skemë dhe kalaja e akropolit për pasojë u rindërtua duke u pajisur me mure mbrojtës dhe me një shpat të pjerrët në zonën veriore për të rritur qëndrueshmërinë ndaj gjuajtjeve me artileri.

Shpenzime mbi fortifikimet ndeshen shpesh në dokumentet e shkruar të lidhur me periudhën e kontrollit venecian të Butrintit (1386 - 1797) dhe modifikimet me qëllim mbrojtës e shtesat më të

Fragment kolone i ripërdorur në muret fortifikues

Reused column fragment in the defensive walls

in the Aegean itself. Butrint was no exception to this scheme, and the Acropolis Castle was subsequently refurbished within a massive Venetian casement with a glacis slope along the northern approach for added resistance against cannon projectiles.

Expenditure on fortifications is frequently recorded in documents relating to the period of Venetian control (1386-1797) at Butrint, and the latest defensive alterations and additions to the city's walls probably date from the late 15th century. Along with the glacis batter, the Venetians appear to have concentrated their construction efforts on the western side of the castle. An enclosed outer gate (for which the space for the draw bar is still visible) with portcullis,

Baraka garderobash

Barrack garderobe

Baraka ushtarake veneciane në akropol

Venetian barrack block on the acropolis

vona në muret rrethues të qytetit datojnë ndoshta në fund të shekullit të XV. Përveç krijimit të shpatit të pjerrët ne veri, venecianët duket se e përqëndruan aktivitetin e tyre ndërtues edhe në pjesën perëndimore të kalasë. Një portë e jashtme e mbuluar (vendi i shulit të të cilës është ende i dukshëm) me portkulis, e cila të kujton arkitekturën ushtarake të kryqëzatave, iu shtua vizitorëve që vinin nga kanali apo sulmuesve përreth portës perëdimore. Hyrja në portë është e mundur nëpërmjet rrugicës që sot zbret nga akropoli e kalon përmes portës perëndimore. Një kazermë e vogël me pozicione për murtajat dhe një garderobë ishin ndërtuar gjithashtu, në perëndim të kësaj porte. Përtej kazermës, fortifikimet shtriheshin deri në bregun verior të liqenit, me një portë të re me kulla e cila kontrollonte kalimin nga istmusi (rripi i ngushtë i tokës që lidh gadishullin me kodrat e Ksamilit) në zonën jashtë çitaledës veriore.

Butrinti venecian vazhdoi të administrohet nga Korfuzi, fortesa madhështore e Jonit. Qytetari korfiot, Theodor Mercurius, u zgjodh në mars të vitit 1418 si *comestabilis* i ri venecian i *castro Vutentro*, ndërsa një dokument i vitit 1517 tregon se *castellan*-ët e Butrintit zgjidheshin ende nga rradhët e qytetarëve korfiotë. Në këtë periudhë Butrinti ishte tashmë kalaja më veriore e një grupi të vogël fortesash të bregdetit Jon, që mbronin rrugët e tregtisë veneciane, ku përfshiheshin Lefkada, Vonitca, Preveza dhe Parga. Ndërsa Butrinti ishte jo më shumë se një pikë mbështetje ushtarake për Korfuzin, ai mbeti strategjikisht dhe financiarisht i rëndësishëm për venecianet. Kështu, gjatë shekujve XV dhe XVI, 1.300 dukatë në vit shpenzoheshin për riparime në *castello*.

reminiscent of crusader military architecture, was added to further channel visitors or constrict attackers around the West Gate. The gateway is accessible from the modern path that ascends the acropolis via the West Gate. A small barrack block with musket ports and a garderobe was also constructed to the north of the gateway. Beyond the barrack, the defences were extended down to the northern lakeshore with a new wall and towered gateway to restrict access from the isthmus to the area outside the northern citadel.

Venetian Butrint continued to be administered from Corfu, the redoubtably fortified prize of the Ionian. Corfu citizen Theodore Mercurius was identified in March 1418 to become the new *comestabilis* of the Venetian *castro Vutentro*, and a document of 1517 shows that the *castellans* of Butrint were still selected from the Corfiot citizenry. By this time Butrint was the northern-most of a tight group of Ionian coastal fortifications securing Venetian trade routes, including Lefkada, Vonitsa, Preveza and Parga. While Butrint itself was little more than an outpost of Corfu, it remained strategically and financially important to the Venetians. Indeed, during the 15th and 16th centuries 1,300 ducats per annum were being spent on repairs to the *castello*.

Butrint, mur i shek. XV përmes istmusit

Butrint, 15th-century wall across the isthmus

Marredhëniet mes venecianëve dhe otomanëve

Deri në fund të shekullit të XI pasuria kryesore tregtare e Venecias mbështetej në detet Adriatik dhe Egje. Vendimi për të mbështetur Kryqëzaten e Parë duke ofruar transportin detar në vitin 1097, shtroi rrugën për arritjen e konçesioneve në tregjet e çmuara levantine të krijuar nga shtetet e rinj kryqtarë. Gjatë shekullit pasues diplomacia veneciane fitoi privilegje tregtare në territoret myslimane përreth. Në këtë mënyrë të provuar dhe të besueshme, ambasadorët venecianë u vunë në kërkim të tregjeve të rinj dhe aq të suksesshëm ishin ata, sa në vitet 1400 perandoria tregtare e republikës shtrihej nga brigjet e Britanisë, nëpër të gjithë Mesdheun, deri në Afrikë, Persi, portet e Detit të Zi dhe përtej. Nga viti 1329 Senati Venecian nisi një skemë fitimprurëse duke dhënë me qera anijet e veta ofruesit të shifrës më të lartë me kushte strikte dhe për drejtime të paracaktuara. Dominimi detar mbështetej fortë mbi fuqinë ushtarake. Kështu, Arsenali i Venecias me magazina municionesh, dyqane me materiale riparimi

Fortesat veneciane në Mesdhe

Venetian forts in the Mediterranean

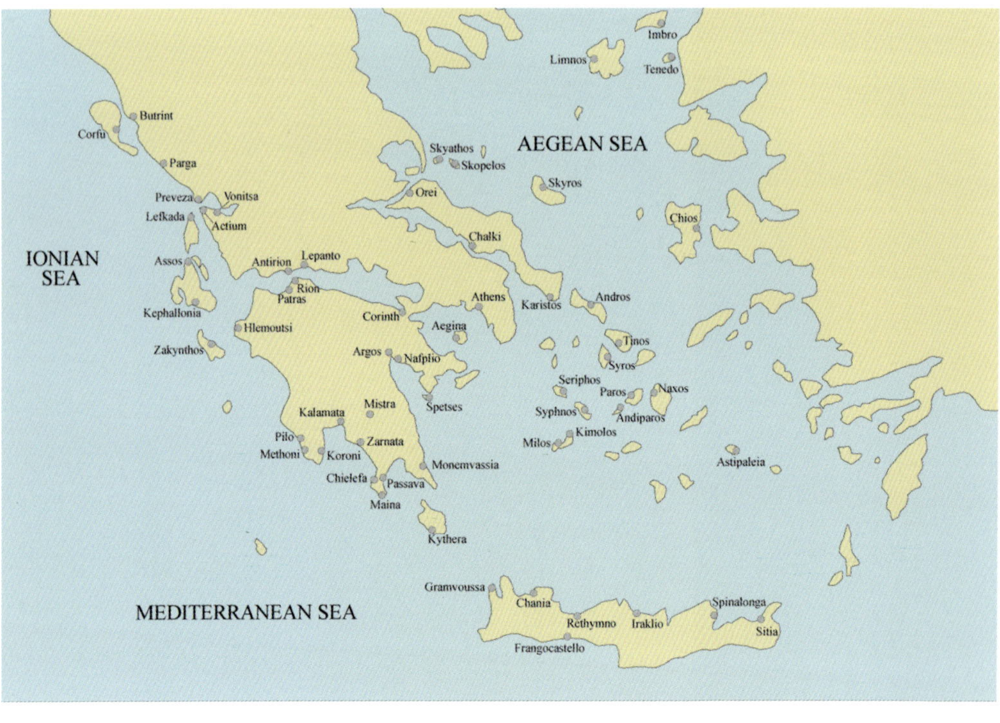

Venetian and Ottoman relations

Until the end of the 11th century Venice's primary trade wealth was based in the Adriatic and Aegean Seas. The decision to support the First Crusade with naval transport in 1097 paved the way to concessions in the valuable Levantine markets opened by the new Crusader States. During the next century, Venetian diplomacy won commercial privileges in the surrounding Muslim territories. In this tried and trusted way Venetian ambassadors sought out new markets, and so successful were they that by 1400 the Republic's trading empire extended from the shores of Britain, throughout the Mediterranean, to Africa, Persia, the harbours of the Black Sea and beyond. From 1329 the Venetian Senate embarked on a lucrative scheme, leasing all its galleys to the highest bidder on a voyage-by-voyage basis under strict conditions and along designated routes. Naval dominance was backed by considerable military muscle, and the Arsenal of Venice, housing munitions, repair shops and naval equipment and supplies, was the largest employer in Europe, devising innovations for the fleet.

Thesar monedhash veneciane të shek. XV, Muzeu i Butrintit

Venetian 14th-century coin hoard, Butrint Museum

Arsenali në Venicie

The Arsenal at Venice

dhe pajisje e furnizime detare ishte punëdhënësi më i madh në Evropë dhe burimi i risive për flotën.

Por në vitet 1390, Perandoria Otomane realizoi sulmin e saj të parë në Shqipëri. Në vitin 1415 turqit kishin marrë kontrollin mbi pjesën më të madhe të vendit, duke administruar provincën e tyre të re nga Gjirokastra, e ndodhur në një distancë të shkurtër nga Butrinti. Me administrimin turk erdhi një sistem i ri gjysëm-feudal, i cili i lidhi zotërit e tokave shqiptare me shërbimin ushtarak dhe mbështetjen ndaj Portës së Lartë të Kostandinopojës. Duke qenë se ishin përplasur tashmë, me turqit në vitin 1416 (duke mundur flotën turke në Galipoli, në një ndeshje të parë detare mes tyre) dhe duke qenë se sapo kishin çimentuar interesat e tyre në këtë zonë me blerjen e Korfuzit dhe Butrintit në vitin 1386, venecianët ishin të gatshëm të realizonin një marrëveshje me otomanët. Në vitin 1419 suzereniteti venecian në zonën e enklavës njihej zyrtarisht. Rëndësia e të ardhurave që buronin nga enklava e Butrintit, e sidomos, roli strategjik që ky luante ne mbrojtjen e Korfuzit ishte mëse i dukshëm.

Sulltani i Portës së Lartë dhe Duka i *La Serenissima*-s dërguan lumenj me përfaqësues, emisarë dhe ambasadorë në pallatet e njëri –

In the 1390s, however, the Ottoman Empire made its first incursions into Albania. By 1415 the Turks had gained control of most of the country, administering their new province from Gjirokastra, a short distance across the mountains from Butrint. With Turkish administration came a new semi-feudal system of land tenure, tying Albanian landlords to military service and support for the Sublime Porte in Constantinople. Having already clashed with the Turks in 1416 (defeating the Turkish fleet at Gallipoli in their first naval encounter), and having only recently cemented their interests in the area with the purchase of Corfu and Butrint in 1386, the Venetians were keen to conclude an accord with the Ottomans. In 1419 Venetian suzerainty in the area of the enclave was formally recognised. The importance of the income derived from the Butrint enclave, but moreover the strategic role played by Butrint in protecting Corfu, was strikingly evident.

The Sultan of the Porte and the Doge of the *Serenissima* sent streams of envoys, emissaries and ambassadors to one another's courts from the late 14th century onwards. In spite of Venice's desire for good relations, in order to avoid erosion of her territorially held power and consequent harm to her commerce, a shared craving for

Perandoria Otomane, vitet 1300 - 1683

The Ottoman Empire, 1300-1683

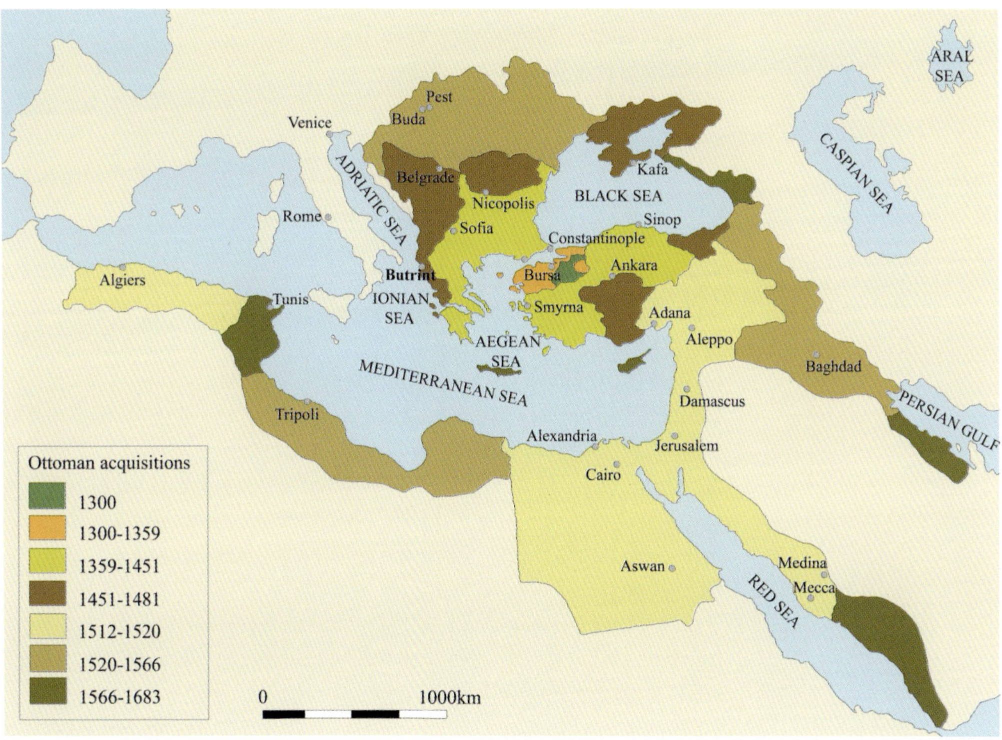

Butrinti dhe kanali i Vivarit nga kepi i Stillos

Butrint and the Vivari Channel from Cape Stillo

tjetrit nga fundi i shekullit të XIV e në vazhdim. Me gjithë dëshirën e Venecias për marrëdhënie të mira, me qëllim që të evitonte humbjen e territoreve nën pushtetin e saj dhe dëme pasuese në tregti, etja e përbashkët për shtrirje të mëtejshme çoi të dy palët në konflikt të paevitueshëm. Ndërmjet viteve 1425 dhe 1718 venecianët dhe otomanët zhvilluan jo më pak se tetë luftra të rëndësishme dhe me pasoja. Menjëherë pas marrjes së Kostandinopojës në vitin 1453, turqit pushtuan pothuajse gjithë territoret e Perandorisë Bizantine dhe sulltanët nisën një seri konfliktesh ushtarake me qëllimin për të marrë nën zotërim bazat veneciane. Me një sulm të befasishëm turqit pushtuan fortesën e rëndësishme veneciane në Argos, në Peloponezin lindor, e menjëherë venecianët u hodhën në kundër sulm. Një pjesë e madhe e luftimeve gjatë viteve 1463 – 79 u zhvillua në Shqipëri dhe Butrinti e Korfuzi ndodheshin nën kërcënime serioze; në Butrint punime fortifikuese u zhvilluan në kala dhe në *civitas* (qendër të qytetit). Muri i enklavës u survejua përsëri dhe me këtë rast riparimet u panë të nevojshme për të ndihmuar mbrojten e Butrintit si dhe të Korfuzit. Edhe pse Venecia u mund në vitin 1479 dhe pësoi humbje të rënda nga lufta, në vitin 1517 një marrëveshje e re tregtie u firmos me Portën e Lartë, e cila riafirmoi privilegjet veneciane dhe kalim të sigurtë për ta në Korfuz dhe ujrat përreth tij.

Megjithatë, tundimi për të patur akses në mirëqënien dhe qendrat tregtare perëndimore ishte i parezistueshëm për otomanët e kështu, lufta shpërtheu përsëri në vitin 1537. Në mënyrën më spektakolare Butrinti u pushtua nga sulltan Sulejmani i Madh me qëllimin për t'a

expansion inevitably brought the two into conflict. Between 1425 and 1718 the Venetians and Ottomans fought out no fewer than eight significant and damaging wars. Following the Ottoman conquest of Constantinople in 1453, the Turks occupied almost the whole of the former Byzantine Empire and the Sultans initiated a series of military conflicts in order to win possession of Venetian bases. In a surprise attack the Turks seized the Venetian stronghold of Argos in the eastern Peloponnese and at once the Venetians were on the back foot. Much of the ensuing war of 1463-79 was conducted in Albania, and Butrint and Corfu came under serious threat; at

Kulla veneciane

The Venetian Tower

Monedhë argjendi e Suleimanit të Madh

Silver coin of Suleiman the Magnificent

shfrytëzuar atë si bazë për sulmin ndaj Korfuzit me ndihmën e ish-piratit Barbarossa. Disa vite më vonë, thuhet se sulltani pozicionoi flotën e tij në linjë përmes ngushticës së Korfuzit, duke filluar nga Butrinti si pika më e ngushtë ndërmjet tokës dhe ishullit, për të zbarkuar trupat e tij pranë çitadelës korfiote. Në këtë ngjarje vendasit u ngritën kundër turqve, të cilët në vitin 1538 u detyruan të tërhiqen nga Butrinti. Dy vite më vonë, Venecia ngriti çështjen për një paqe të përgjithshme dhe për kalimin e supremacisë në Egje në duart e Turqisë.

Pas një kohe të shkurtër, në përgjigje të agresionit të vazhdueshëm otoman, venecianet themeluan një Magjistraci të Fortesave në vitin 1542. Ky trup kishte nën juridiksion tokat e fortifikuara të republikës, zotërimet e saj detare, e arsenalin dhe çoi në përforcimin e mbrojtjes së zotërimeve veneciane në Greqi. Në 1545, e ndodhur në vështirësi për mbledhjen e numrit të duhur të mercenarëve të flotës, Venecia thirri rremtarët në shërbim të detyruar për të mbushur anijet e saj. Nuk u desh shumë kohë për të parë frutet e kësaj iniciative të re. Në vitin 1571 otomanët morën Butrintin përsëri, por në të njëjtin vit Venecia dhe një aleancë kristiane që përfshinte 208 anije shkatërruan flotën turke në betejën e Lepantos në hyrje të gjirit të Korinthit, duke kapur 117 anije turke si plaçkë lufte. Kjo humbje pati pasoja të rënda për Perandorinë Otomane, zgjerimi i të cilës më në fund po frenohej; u desh të pritej deri në vitin 1645 që otomanët të sfidonin përsëri *La Serenissima*-n në një shkallë të tillë.

Megjithatë, mbajtja e armikut në një gjendje të vazhdueshme alarmi mbeti karakteristikë e veprimtarisë kufitare të otomanëve dhe konfliktet mes qeramarrësve të enklavës e otomanëve lokalë ishin të shpeshta. Shumë sulme mbi Butrintin u organizuan nga qeverisësit e Delvinës dhe Konispolit. Arkivat shtetërorë të Korfuzit tregojnë se subjektet venecianë, tregtarë dhe punonjës në peshkoret e zonës së

Butrint fortification works were carried out on the castle and *civitas* (town centre). The enclave wall was surveyed again, and on this occasion repairs were deemed prudent to help secure both Butrint and Corfu. Though Venice was defeated in 1479, and suffering pernicious settlements of the war, in 1517 a new trade accord was signed, with the Porte reaffirming Venetian privileges and safe passage in Corfu and the surrounding waters.

The lure of access to western commodities and trading posts to the Ottomans was irresistible, however, and war broke out again in 1537. Most spectacularly, Butrint was seized by Sultan Suleiman the Magnificent as a base from which to assault Corfu with the former pirate Barbarossa. Some years after the event, it was recorded that the Sultan situated his fleet in a line from Butrint across the Straits of Corfu, the narrowest point between the mainland and the island, in order to bring his troops against the Corfiote citadel. In the event, the Turks were repulsed and withdrew from Butrint in 1538. Venice sued for a general peace two years later with supremacy of the Aegean passing to Turkey.

Qeramikë e periudhës islamike dhe bizantine e mesme, sot në Muzeun e Butrintit

Islamic and Middle Byzantine wares, now in the Butrint Museum

Butrintit ngacmoheshin dhe sulmoheshin në mënyrë të vazhdueshme gjatë viteve të hershme të shekullit të XVII. Rreth mesit të këtij shekulli (1699), Venecia i lëshoi Kretën Turqisë por vazhdoi të mbante nën kontroll zotërimet e saj në Dalmaci, ndërkohe që kontrolli i Butrinit ndryshonte shpesh mes duarve të dy palëve. Një paranojë dhe mosbesim i përgjithshëm ndaj gjithçkaje që lidhet me turqit vazhdon të dominojë dokumentet korfiote që arrijne deri në mesin e viteve 1700. U duk që kjo druajtje ishte me vend kur sulltan Ahmeti III kapi Butrintin dhe pushtoi Korfuzin në vitin 1716, viti në të cilin inxhinierët e republikës po survejonin fortesën trekëndore. Butrinti u pushtua përsëri në vitin që pasoi dhe, megjithëse të drejtat

Pamje e Butrintit nga fortesa trekëndore

View of Butrint from the Triangular Fortress

Pamje e Butrintit nga Kalivoja

View of Butrint from Kalivo

Shortly thereafter, and in response to persisting Ottoman aggression, the Venetians established a Magistracy of Fortresses in 1542. This body held jurisdiction over the Republic's fortified mainland and maritime dominions and their arsenals and brought coherence to the defence of the Greek possessions. In 1545, having difficulty in raising sufficient crewmen for the fleet, Venice resorted to conscripting oarsmen to man the galleys, and chained the men to their benches. The fruits of these new initiatives were not long in coming. In 1571 the Ottomans took Butrint again, but in the same year Venice, and a Christian alliance including 208 galleys, crushed the Turkish fleet at the Battle of Lepanto in the mouth of the Gulf of Corinth, capturing 117 Turkish ships in to the bargain. This defeat had far-reaching consequences for the Ottoman Empire, whose expansion was lastingly curtailed; it was 1645 before the Ottomans challenged the *Serenissima* on such a scale again.

That aside, it remained characteristic of Ottoman border activities to keep the enemy in a perpetual state of alarm, and conflicts between Venetian leaseholders in the enclave and local Ottomans were endemic. Many raids were mounted on Butrint from the Ottoman strongholds of Delvina and Konispoli. The State Archives of Corfu reveal that Venetian subjects, merchants and the men of the fisheries in the Butrint area were continually harassed and assaulted through the early years of the 17th century. In the middle years of the century (1669) Venice ceded Crete to Turkey but retained her

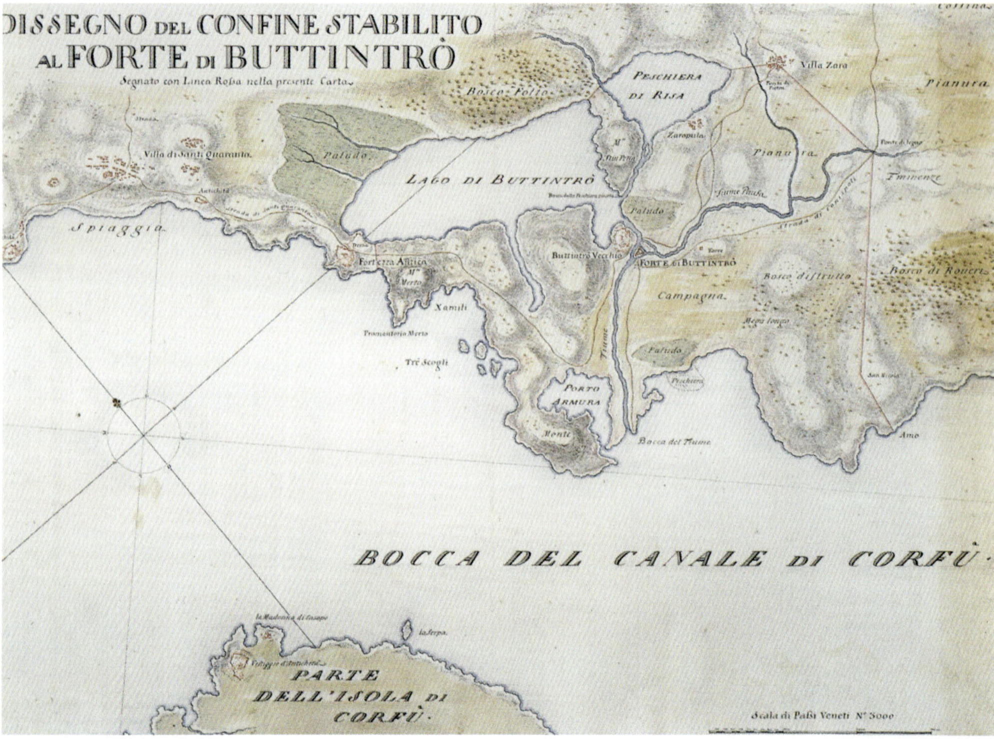

Hartë kadastrale e Butrintit, viti 1718 (Museo Civico Correr, Venicie)

Cadastral map of Butrint, 1718 (Museo Civico Correr, Venice)

e Venecias u afirmuan sërish në Paqen e Passarowitz-it (e cila përfundoi luftën finale veneciano - otomane në vitin 1718) ato ishin një ngushëllim i vogël përballë humbjes së madhe të Peloponezit që përbënte koston e kësaj paqe.

Të tjerë sërvej ushtarakë u ndërmorën menjëherë nga venecianët dhe një hartë kadastrale e realizuar nga Antonio Loredan, Guvernatori Gjeneral dhe Inspektori i Ishujve, në vitin 1718 tregon kufijtë e enklavës për të cilët u ra dakort, shenjat fizike në territor dhe vendodhjen e fortifikimeve. Loredani raporton për negociatat e tij me turqit rreth peshkoreve dhe për fiksimin prej tij të shenjave përgjatë kufijve. Megjithatë, dhunime dhe marrëveshje të reja nga otomanët lokalë vazhduan dhe në vitin 1746 përfaqësuesit venecianë në Kostandinopjë u detyruan të kërkonin konfirmim zyrtar se autoritetet otomane lokale dhe provinciale do të respektonin "klauzolat e kapitullimit [të vitit 1718]". Mosmarrëveshjet vazhduan deri në rënien e Republikës Veneciane në fund të shekullit të XVIII dhe mbi të gjitha, marrëdhëniet mes Perandorive Otomane dhe Veneciane, konkurenca dhe konflikti përcaktuan karakterin dhe thelbin e Butrintit për katër shekuj me rradhë.

Dalmatian possessions, while control of Butrint switched frequently between the two opposed sides. A general paranoia and distrust of all things Turkish continues to pervade the Corfiote documents surviving through to the mid-1700s. These fears turned out to be well founded as Sultan Ahmed III seized Butrint and invaded Corfu in 1716, the very year in which the Republic's engineers were surveying the defences of the Triangular Fortress. Butrint was recaptured the following year and though Venice's rights were fixed again by the Peace of Passarowitz (which concluded the final Venetian-Ottoman war in 1718) this came as scant consolation to the massive loss of the Peloponnese that this peace entailed.

Further military surveys were promptly undertaken by the Venetians, and a cadastral map produced by Antonio Loredan, Governor General and Inspector of the Islands, in 1718 survives showing the agreed boundaries of the enclave, physical landmarks and the location of the fortifications. Loredan reported his negotiations with local Turks over the fisheries, and that he established markers along the boundary from horseback and boat. Violations of the new agreement by local Ottomans persisted, however, and in 1746 Venetian representatives in Constantinople were obliged to request official confirmation that the local and provincial Ottoman authorities respect the "stipulations of the capitulations [of 1718]." Disputes continued on and off until the demise of the Venetian Republic at the end of the 18th century, and above everything else the relationship between the Ottoman and Venetian Empires, their competition and conflicts, defined the character and essence of Butrint for fully four centuries.

Muzikantë arabë, viti 1847 (familja Kavanagh, Co. Carlow, koleksion privat)

Arab musicians, 1847 (Kavanagh family, Co. Carlow, private collection)

Arkitektura ushtarake veneciane: fortesa trekëndore dhe kulla veneciane

Veprimtaria më e rëndësishme ndërtimore jashtë fortifikimeve antike të Butrintit dhe dëshmia më e qartë e periudhës veneciane është fortesa trekëndore madhështore në bregun e kanalit të Vivarit. Duke mbuluar krahun e djathtë të Korfuzit, fortesa shërbente kryesisht për të mbrojtur peshkoret e rëndësishme të Butrintit. Bazuar mbi një model të pa zakontë, me vetëm pak shembuj në të gjithë Evropën mesjetare, forma e saj mund të ketë qenë kushtëzuar pjesërisht nga forma e ishullit mbi të cilin u ndërtua. Nuk është shumë e qartë se cila ishte saktësisht forma që mori sistemi mbrojtës i fortesës trekëndore, kur Butrinti u dorëzua përballë ushtrisë së madhe të mbledhur nga sulltan Sulejmani i Madh në gusht të vitit 1537. Megjithatë, ky sistem është i përgatitur për të përballuar si teknologjinë e shigjetave edhe atë të barutit dhe duket e mundur që ai të jetë ndërtuar gjatë fundit të shekullit të XV,

Pamje ajrore e fortesës trekëndore

Aerial view of the Triangular Fortress

Venetian military architecture: the Triangular Fortress and the Venetian Tower

The most substantial defensive work outside the old fortifications of Butrint, and the most prominent testament to Venetian occupation, is the imposing Triangular Fortress on the bank of the Vivari Channel. Covering Corfu's right flank, the fort principally served to protect Butrint's valuable fisheries. Based on an uncommon design, with only few equivalents throughout medieval Europe, its form may in part have been dictated by the shape of the island upon which it was constructed. When Butrint surrendered to the vast army assembled by Sultan Suleiman the Magnificent in August 1537 it is not certain precisely what form the fortifications of the Triangular Fortress took. However, the fort's defences span the technologies of arrows and gunpowder, and it seems likely that it was built during the later 15th century, after c. 1490, or in the

Fortesa trekëndore

The Triangular Fortress

Fortesa trekëndore, hyrja kryesore

Triangular Fortress, main gate

ndoshta pas vitit 1490 ose në vitet e para të shekullit të XVI. Gjetje qeramike në brendësi të fortesës trekëndore duket se mbështesin këtë interpretim: fragmente qeramike të fundit të shekullit të XV me origjinë nga Venecia dhe fragmente të fundit të shekullit të XV, fillimit të shekullit XVI nga Emilia Romagna mund të jenë të lidhur ngushtë me momentin e ndërtimit të kalasë.

E përbërë fillimisht nga një formë e thjeshtë dhe jo e rregullt trekëndore me frëngji dhe bedena, fortesa përfshinte disa struktura modeste në brendësi të saj. E vendosur ne pikën e bashkimit të lumit Pavëll dhe kanalit Vivari, ajo ishte plotësisht e rrethuar nga uji. Hyrja kryesore ishte, dhe ende është, një portë në brinjën jugore, e cila zëvendësoi një hyrje më të vogël me hark (tashmë e bllokuar) menjëherë në perëndim të saj dhe shoqërohej nga një postern në anën e kanalit. Vendbanimi që shoqëroi dhe u ngjesh përreth fortesës, shenjat e të cilit janë zbuluar nga skanime gjeofizike të kohëve të fundit, ishte me sa duket, i ndarë në mënyrë të qartë në copëza territori të dhëna familjeve të ndryshme.

Pas dekada luftrash me Perandorinë Otomane fortifikimet e Butrintit ishin kthyer në rrënoja dhe siti antik u braktis përfundimisht në vitin 1752, pas fitores në Lepanto nga aleanca veneciane, për t'u zhvendosur në fortesën trekëndore. Kulla rrethore me hyrje si në katin përdhes edhe në nivelin e bedenave iu shtuan secilit prej cepave, bashkë me një seri dhomash me tavan qemeri në brendësi të krahut perendimor, mbi te cilat shtrihej nje platformë artilerie për t'u mbrojtur nga sulmet nga kanali i

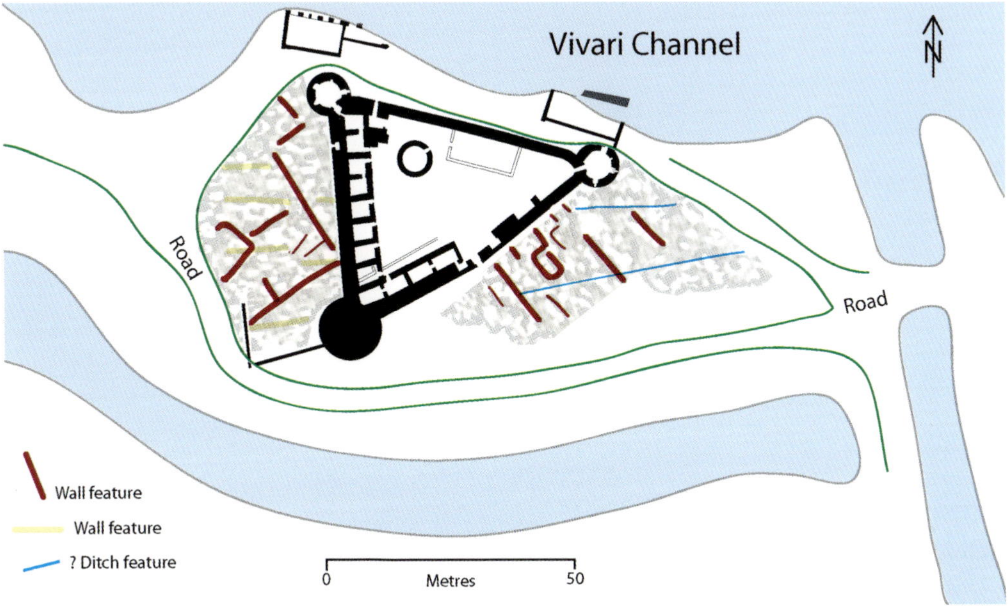

Plan i fortesës trekëndore mbështetur mbi sërvej gjeofizik

Plan of the Triangular Fortress based on geophysical survey

early part of the 16th century. Ceramic finds from inside the Triangular Fortress seem to support this interpretation: pottery fragments originating from Venice of the late 15th century and from Emilia Romagna of the late 15th and early 16th centuries may be closely related to the building of the fort.

Initially comprising a simple irregular triangular form with firing loops at ground and parapet levels, the fort originally contained a few modest structures. Situated within the confluence of the Pavllas River and the Vivari Channel it was entirely surrounded by water. The principal access was, and still is today, through a door in the south face, which replaced a smaller (now blocked), arched entrance to its immediate west, with a (also blocked) postern on the channel side. The settlement that accompanied and huddled around the fortress, leaving signatures detected in recent geophysical scans of the fort's environs, was apparently divided into distinct allotments licensed to different families.

Following decades of warfare with the Ottoman Empire, the fortifications of Butrint had become ruinous and the ancient site was finally abandoned by 1572, subsequent to the victory at Lepanto by the Venetian alliance, in favour of the Triangular Fortress. Round towers accessible at both ground and parapet level were added to each of the three corners, along with a series of internal vaulted rooms on the west flank carrying an artillery

Vivarit: një reliev i kokës së Luanit të Shën Markut, simboli i Venecias, dekoron një gur në krye të hyrjes në njerën prej dhomave. Dhomat me qemer përdoreshin me siguri si magazina për mbajtjen e barutit, dyqane, depo, e ndoshta edhe si qeli. Një seri e ngjashme dhomash shihet në fortesën e shekullit të XVII, në Zakynthos. Enë tavoline prej qeramike të importuar nga Italia veriore dhe qëndrore mbizotërojnë në grupin e qeramikës së shekujve XVI dhe XVII të fortesës në Butrint.

Dokumente venecianë të fillimit të shekullit të XVII flasin për detyrimin e shfrytëzuesve të peshkoreve për të mirëmbajtur muret e fortesës në gjendje të mirë dhe nën kontroll kanalet rrethues. Një inspektim i vitit 1606 nxorri si përfundim se nevojiteshin shpenzime të konsiderueshme për të riparuar trarët e dëmtuar nga pikimi i ujit dhe për të zëvendësuar tjegullat e dëmtuara nga peshkatarët që kishin ndërtuar vetë një çati. *Provveditore Generale* i Korfuzit u instruktua nga Senati Venecian të siguronte zhvillimin e punimeve të nevojshme. Arkivat shtetërore veneciane përmbajnë gjithashtu një seri raportesh mbi gjendjen e mureve dhe kullave të ndryshme dhe mbi përpjekjet e bëra për t'i riparuar dhe rinovuar ato.

Një seri ngjarjesh humbje dhe rimarrje janë dokumentuar në shekullin e XVII. Kështu, pas një periudhe të shkurtër kontrolli otoman

Fortesa trekëndore, reliev me kokë luani

Triangular Fortress, lion's head relief

Fortesa trekëndore dhe kanali i Vivarit

Triangular Fortress and Vivari Channel

platform above to protect the approach from the Vivari Channel: a relief of the head of the Lion of St Mark, the symbol of Venice, decorates a keystone at the entrance to one of the rooms. The vaulted rooms were probably used as gunpowder magazines, workshops, stores and, perhaps, cells. A similar range of rooms can be seen in the mid-17th-century Venetian fort at Zakynthos. Tableware ceramics imported from northern and central Italy monopolise pottery collections of the 16th and 17th centuries from the fort at Butrint.

Venetian documents from the early 17th century record that the tenant of the fisheries was also under obligation to keep the fabric of the fortress in good repair and to manage the surrounding ditches. An inspection of 1606 concluded that considerable expense was required to restore beams affected by dripping water and to make good the damage to tiling caused by the fishermen building themselves a roof terrace. The *Provveditore Generale* of Corfu was instructed by the Venetian Senate to ensure the necessary work was carried out. The Venetian State Archives also contain numerous reports on the condition of various walls and the towers and the efforts made to repair and renew these.

Several events of loss and recapture are documented in the 17th century, and after a brief period of Ottoman control from 1655 when the Turks established it as a royal castle, the fort was retaken by the Venetian Republic in 1660. This was a tense period for the Corfiotes, who feared a Turkish attack via Butrint. Though the Turks reportedly

Fortesa trekëndore

The Triangular Fortress

duke filluar nga viti 1655, kur turqit e përcaktuan atë si kështjellë mbretërore, fortesa u rimor nga Republika Veneciane në vitin 1600. Kjo ishte një periudhë tensioni për korfiotet, të cilët i trembeshin një sulmi turk nga Butrinti. Edhe pse turqit kishin bërë plane për të ndërtuar fortifikime të reja në gadishullin e Butrintit dhe po pastronin rrugët për të sjellë artilerinë e rëndë, agjentët venecianë raportonin se fortesa mbrohej nga një garnizon prej pak burrash që zotëronin vetëm dy armë. Sugjerohej se një top i vetëm, i pozicionuar në mënyrë strategjike, mund të shkaktonte largimin e turqve. Sidoqoftë, brigantinë venecianë u pozicionuan për të mbrojtur grykën e kanalit Vivari. Në vitin 1662 një tjetër sulm turk i dha shkas krijimit të një rrethane të jashtëzakonshme, në të cilën dy palet kundërshtare qëndronin përballë njëra – tjetrës në dy brigjet e kanalit Vivari. Me sa duket, duke dyshuar për komplot tek anëtarët shqiptarë të pales së tij, serxhenti venecian kapitulloi dhe i vuri zjarrin fortesës trekëndore para se të arratisej. Të zemëruar nga shkatërrimi i fortesës, otomanët filluan menjëherë rindërtimin e saj. Në vitin 1663 një spiun raporton praninë e një numri të madh muratorësh që punonin për ndërtimin e fortesës dhe të punëtorëve që vdisnin gjatë punes për hedhjen e themeleve duke punuar në ujë.

Mbajta e fortesës në gjendje të mirë ishte veçanërisht e rëndësishme për sa kohë që tensioni mes rivalëve Perandori Veneciane dhe Otomane vazhdonte. Më pas, gjatë luftës së viteve 1714 – 18 sulltan Ahmeti III pushtoi Butrintin si pikë nga e cila të sulmonte Korfuzin. Austriaku, Gjeneral Kont Mattheus von Der Schulenburg, komandant i Korfuzit gjatë këtij rrethimi i zmbrapsi

Fortesa trekëndore, kulla jug - perëndimore

Triangular Fortress, south-west tower

had plans to build new fortifications on the Butrint peninsula and were clearing roads to bring in cannon, Venetian spies also reported that the fort was poorly garrisoned with few men and only two guns. It was suggested that a single strategically placed cannon would cause the Turks to flee. Nonetheless, Venetian brigantines were stationed to guard the mouth of the Vivari Channel. In 1662 another Turkish incursion gave rise to an extraordinary circumstance where the opposing forces occupied opposite banks of the Vivari Channel. Apparently suspecting his Albanian men of collusion, the Venetian sergeant and munitioner capitulated, and fired the Triangular Fortress as he escaped. Angry at the destruction of the fort, the Ottomans rapidly set about rebuilding it. In 1663 a spy reported large numbers of masons working on the Triangular Fortress and workers having died in preparing foundations and working in water.

Maintaining the fortress in good order was especially important as tensions between the rival Venetian and Ottoman Empires persisted. Then, during the 1714-18 war, Sultan Ahmed III seized Butrint as a centre from which to assault Corfu. The Austrian General Count Mattheus von Der Schulenburg, commander of Corfu during the siege, repulsed the invaders from the island. The Triangular Fortress was re-taken and occupied against continued skirmishes, principally as a station from which to claim timber for the Venetian fleet. So impressed was the Venetian Senate that a statue of Schulenburg was erected at the Old Fortress in Corfu Town.

The Senate considered demolishing the fortress at this point, but pushtuesit nga ishulli. Fortesa trekëndore u rifitua dhe zotërua kundër sulmeve të vazhdueshme, kryesisht si një stacion nga i cili do të sigurohej lëndë drusore për flotën veneciane. Senati venecian mbeti kaq i impresionuar sa Schulenburg-ut iu ndërtua një statujë në fortesën antike të qyetit të Korfuzit.

Pas këtij momenti senati mori në konsideratë mundësinë e shkatërrimit të fortesës, por më në fund ai vendosi t'a riparonte atë. Një hartë e detajuar sërveji ushtarak, datuar rreth vitit 1716 mund të pasqyrojë këtë inciativë dhe tregon fortesën me ndërtesa në pjesën e jashtme të anës perëndimore, një bllok kazermash dhe dy struktura të tjera extra - murore ndërmjet fortesës dhe kanalit, si dhe një *ravelin* masiv prej dheu në anën jugore. *Ravelin*-i trekëndor përfaqëson një risi në teknologjinë fortifikuese për kohën e topave. Kështu, një seri prej tre *ravelin*-ësh u shtua nga venecianët gjatë viteve 1713 - 14 në kalanë e Rios të cilën ua morën otomanëve. Kalaja mbronte kalimin detar mes detit Jon dhe gjirit të Korinthit. Ndërtimet me tulla në pjesën perëndimore, të kujtojnë një shtesë të ngjashme në kalanë e fuqishme buzë kanalit, në Lefkadë, e cila gjithashtu është e pajisur me *ravelin* dhe një bllok kazermash e ndoshta daton në shekullin e fundit të periudhës veneciane. Ndërtesa që ende shihet jashtë fortesës trekëndore mund të shoqërohet me kontrollin e peshkoreve fitimprurëse të liqenit të Butrintit dhe ishte ideuar për të siguruar magazinat veneciane të peshkut në bregun përballë.

Statuja e gjeneralit von Schulenburg, Korfuz

Statue of General von Schulenburg, Corfu

Republika e Venecias mbajti interes dhe kontroll të herëpashershëm në Butrint me fortesën trekëndore si qendrën e vet, pothuajse deri në mbyllje të shekullit të XVIII. Importi i qeramikës nga Italia veriore dhe qëndrore vazhdoi. Gjithashtu, inspektimet shtetërore të fortesës vazhduan e nevoja për riparime në shkallë të gjerë u raportua edhe në vitin 1777: segmente të murit ishin dobësuar, kuzhina e fortesës ishte shembur, nevojitej zëvendësimi i tjegullave dhe kasollet e punëtorëve që vështronin mbi peshkoret ishin plasaritur dhe kishin nevojë për riparim çatie e kanalizime. Kur Henry Cook realizoi një skicë të Butrintit në mesin e shekullit të XIX, ai ishte dëshmitar i trashëgimisë së Perandorisë Veneciane dhe regjistroi rrënojat e atij që dikur ishte një qytet i lulëzuar: një grumbull ndërtesash në brendësi dhe përreth fortesës trekëndore të rrënuar. Sot, një ndërtesë rrethore (ndoshta një hambar) qëndron brenda fortesës, ndërkohë që shihen gjithashtu themele ndërtesash të tjera. Rrënoja të ndërtesave në anën e jashtme perëndimore mbijetojnë ende.

Në bregun e Butrintit, direkt përballë fortesës trekëndore qëndron një shtëpi e vetmuar dy katëshe me formë katrore, përmasa

ultimately decided to repair it. A detailed military survey map dated to c. 1716 may reflect this initiative and shows the fort with a western outwork, a barrack block and two other extra-mural structures between the fort and the channel, as well as a massive earthen *ravelin* on the south side. The triangular *ravelin* represents cutting edge fortification technology for the age of cannon. Indeed, a sequence of three *ravelins* was added by the Venetians in 1713-14 to the captured Ottoman castle of Rio that guarded the sea passage between the Ionian Sea and the Corinthian Gulf. The brick-built western outwork resembles a similar extension to the powerful channel-side castle at Lefkada, which also has *ravelins* and a barrack block, and probably dates to the final century of the Venetian era. The remaining buildings outside the Triangular Fortress may have been associated with control of the lucrative Lake Butrint fisheries and designed to secure Venetian fish houses on the opposite bank.

Fortresa trekëndore dhe pamje drejt Shën Dëllisë e fushës së Vrinës

Triangular Fortress and view to Shën Dëlli and the Vrina Plain

The Republic of Venice maintained interest, and a precarious toehold in Butrint with the Triangular Fortress as its centre, almost to the close of the 18th century. Importation of pottery from northern and central Italy continued. State inspections of the fort

Fortesa trekëndore dhe kulla veneciane

The Triangular Fortress and the Venetian Tower

mbresëlënëse dhe kontraforta elegante në të katër anët. Kjo kullë u ndërtua gjatë sundimit venecian mbi linjën e fortifikimit të antikitetit të vonë dhe mesjetar që kalonte përgjatë bregut. Ajo mbijeton sot në tërë lartësinë e saj dhe hyrja në katin e dytë realizohet nëpërmjet një shkalle mjaft të pjerrët dhe një urë të lëvizshme. Burimi i qëndrueshmërisë së strukturës është bazamenti i saj, i cili në brendësi ndahet me mure të trashë në katër seksione, secili i mbushur me gurë e dhe. Kontraforta është ndërtuar për të përballuar forcën e predhave.

Në brendësi të kullës, mbi tavanin prej kubeje mbështet kati i sipërm; ngjitja në këtë kat realizohej nëpërmjet një shkalle prej druri në formë spirale. Frëngjitë e ngushta për hedhjen e shigjetave janë të pranishme në të katër muret e kullës, ashtu si dhe hapje më të mëdha për hedhjen e predhave në anën jugore me pamje mbi kanalin Vivari, në secilin prej kateve. Një tjetër hapje në anën lindore është krijuar për të lejuar hyrjen e zinxhirëve të urës së lëvizshme, të cilët kalonin nëpërmjet një vrime në katin e sipërm ku rrotulloheshin përreth një mekanizmi mbledhës. Një portë me shul ofronte një tjetër shtresë sigurie pasi ura e levizshme ishte e ngritur. Ndërsa sërveji i vitit 1777 në fortesën trekëndore rekomandonte gjithashtu riparimin e çatisë së kullës veneciane dhe të dyerve dhe qepenave të saj, evidenca për realizimin e tyre është shumë e varfër.

Është sugjeruar se kulla daton që nga shekulli i XVI, kur venecianët u kthyen në Butrint pas sulmimit të Korfuzit nga sulltan Sulejmani

Fortesa trekëndore, ambiente të brendshëm ndër të cilët, ndoshta një hambar drithrash

Triangular Fortress, interior with possible granary

continued too, and the need for extensive repairs was reported as late as 1777: sections of the wall were weakened, the fort's kitchen had collapsed, re-tiling was necessary and the huts of the workmen overlooking the fishery were cracked and in need of new roofing and guttering. When the artist Henry Cook sketched Butrint in the middle of the 19th century he witnessed the legacy of the Venetian Empire and recorded the remains of the once thriving city: a cluster of buildings huddled in and around the dilapidated Triangular Fortress. Today, a circular building (perhaps a granary) stands inside the fort and the foundations of other structures can be seen. Remains of the western outwork, with a row of double musket ports, also survive.

On the shore of Butrint, just opposite the Triangular Fortress, stands a solitary two-storey square blockhouse of impressive proportions with elegantly battered sides. This tower was constructed under Venetian dominion over the line of the late Roman and medieval waterfront defences. It survives today to its full height and is entered by a steep staircase and drawbridge at first floor level. The structure gains its strength from its base being internally divided by thick walls into four sections, each filled with rocks and soil. The batter is designed to absorb the impact of projectiles.

Within the tower a vaulted ceiling supports the upper floor; the second storey was accessed via a timber spiral staircase. Narrow,

Kulla veneciane, urë e lëvizshme dhe shkallë

Venetian Tower, drawbridge and staircase

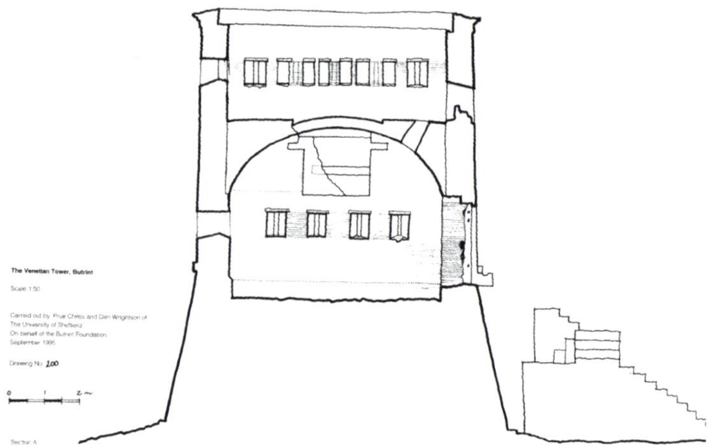

Kulla veneciane, seksion

Venetian Tower, elevation

në vitin 1537. Ndërkohë që një gjë e tillë nuk mund të verifikohet tashmë, duket mjaftueshmërisht e qartë se kulla është ndërtuar për të funksionuar përkrah fortesës trekëndore përballë saj, në mbrojtje të dajlaneve të rendësishëm të peshkut. Për më tepër, sërveji kadastral i vitit 1718 ilustron tre linja kurthesh për peshqit të vendosura ndërmjet dy fortifikimeve. Shumë kulla të ngjashme, secila pronë feudalësh tokash, megjithëse jo të lidhura me peshkimin, qëndronin dikur në pjesën veriore të Korfuzit për të mbrojtur ndërtesat dhe banorët nga sulmet e piratëve; njëra prej tyre mbijeton ende në bregun përballë Butrintit, në Pandeleimon.

brick-lined musket ports are present on all four sides of the tower with larger openings for cannon on each floor on the south facing wall overlooking the Vivari Channel. A further opening on the east face was to admit the drawbridge chains that ran through a groove in the upper floor to a winding mechanism. A bolted door provided another layer of security behind the raised drawbridge. While the 1777 buildings-survey of the Triangular Fortress also recommended that the roof of the Venetian Tower be repaired and its door and shutters be replaced, there is little evidence that this was carried out.

It has been suggested that the tower dates from the 16th century when the Venetians returned to Butrint after Suleiman's siege of Corfu in 1537. While this cannot presently be verified, it seems abundantly clear that the tower was designed to work in tandem with the Triangular Fortress on the opposing bank in protecting the valuable fish weirs. Further to this, the 1718 cadastral survey illustrates three lines of fish traps situated between the two fortifications. Numerous similar towers, each the property of feudal landowners, though not associated with fishing, once stood in northern Corfu to guard the buildings and inhabitants from piratical attack; one survives on the coast opposite Butrint at Pandeleimon.

Kulla veneciane dhe kanali i Vivarit

The Venetian Tower and the Vivari Channel

Mbrojtja e peshkoreve

Fushat e lagështa përreth Butrintit ofronin një zonë të përshtatshme për kullotjen e gjedhëve dhe të kuajve të garnizonit të Korfuzit. Kodrat e gadishullit ishin të veshura nga pesë vreshta ullinjsh, ndërsa lënda drusore gjendej me bollëk në këtë zonë. Por mbi të gjitha, Butrinti vlerësohej për peshkoret e tij, të cilat ishin si prodhimtare edhe fitimprurëse. Që nga viti 1413 dokumentohet se *castellan*-i i qytetit mbeshtetej pjesërisht mbi fitimet e siguruara nga peshkimi, e po kështu, arkivat shtetërorë në Korfuz regjistrojnë në mënyrë të përsëritur rëndësinë e jashtëzakonshme të peshkoreve për sundimin venecian në Butrint dhe për ekonominë koloniale veneciane.

Që nga kohë mjaft të hershme, shfrytëzimi i peshkoreve u jepej me kontratë individëve private nga Korfuzi. Dokumenta të arkivave shtetërorë u referohen peshkoreve të Butrintit në lidhje me ankimet e bëra ndaj kërcënimeve apo dëmeve të shkaktuar nga otomanët lokalë. Dajlanet apo kurthet e peshqve ishin mekanizma prej piketash druri apo kanale për kapjen dhe kontrollimin e lëvizjes së peshqve ndërmjet ujit të kripur të kanalit Vivari dhe ujit të ëmbël të liqenit të Butrintit. Dy ndërtesa të mëdha prej guri janë dëshmi e investimeve

Barinj në fushën e Vrinës

Protecting the fisheries

The flood plains around Butrint provided good grazing grounds for cattle and for the horses of the Corfu garrison. The hills of the peninsula supported fine olive groves and building-timber was plentiful in the area. Above all else, though, Butrint was regarded for its fisheries, which were both abundant and lucrative. As early as 1413 it is recorded that the town's *castellan* was in part supported through revenues derived from fishing, and documents in the State Archives in Corfu record repeatedly the fundamental importance of the fisheries to Venetian possession of Butrint and to the Venetian colonial economy.

From a fairly early time, tenancy of the fisheries was contracted out to private individuals from Corfu. The State Archive documents often refer to Butrint's fish weirs in connection with complaints made regarding threats by or damage from local Ottomans. The weirs, or traps, were arrangements of timber palisades and ditches to capture and control the movement of fish between the salty waters of the Vivari and Channel and the fresh water flowing out of Lake Butrint. Two

Shepherdess on the Vrina Plain

Rrënoja të një shtëpie qytetare veneciane

Remains of a Venetian town house

veneciane në Butrint. Të ndodhura pranë kanalit të Vivarit dhe në afërsi të baptiserit është shumë e mundur që funksioni i tyre të jetë i lidhur me peshkoret. Më e madhja dhe më cilësorja prej tyre është një shtëpi e shekullit të XV ose XVI me qilar me tavan qemeri në katin përdhes dhe me ambiente banimi në katin e parë, nje plan tipik i shtëpive të mëdha qytetare nëpër të gjithë perandorinë veneciane. Ndërtesa e dytë, e dëmtuar rëndë nga uji, duket se ka pasur funksion industrial dhe mund të ketë shërbyer si mulli.

Me gjithë sulmet turke, përmbytjet stinore dhe kushtet që lehtësonin përhapjen e malarjes, peshkimi në Butrint mbeti një aktivitet fitimprurës gjatë shekujve XV dhe XVI. Gjatë fundit të shekullit të XVI, një farë Cristoforo Condocali ishte përgjegjës për të ardhurat nga peshkimi. Reputacioni i tij u rrit pjesërisht falë negociatave të suksesshme me njerëzit e "vështirë" vendas, të cilët ai i bindi të mbronin dajlanët. Ai shfaqet si një shpëtimtar i Butrintit në vitet 1571 – 72, e kështu, në kohën kur qyteti u "mbush me turq" ai sulmoi dhe mori fortesën trekëndore me shpenzimet e tij në favor të venecianëve. Për më tepër, Condocali armatosi dhe komandoi anijen e tij në betejën e Lepantos në vitin 1571. Në fillim të vitit 1572 ai filloi riparimin e fortifikimeve të Butrintit në emër të shtetit dhe luftoi kundër forcave otomane të Delvinës dhe Janinës, të cilat u përpoqën të ndalonin këtë sipërmarrje të tij. Në po atë vit, ai u shpërblye me titullin *cavaliere* (kalorës) dhe me një pjesë të

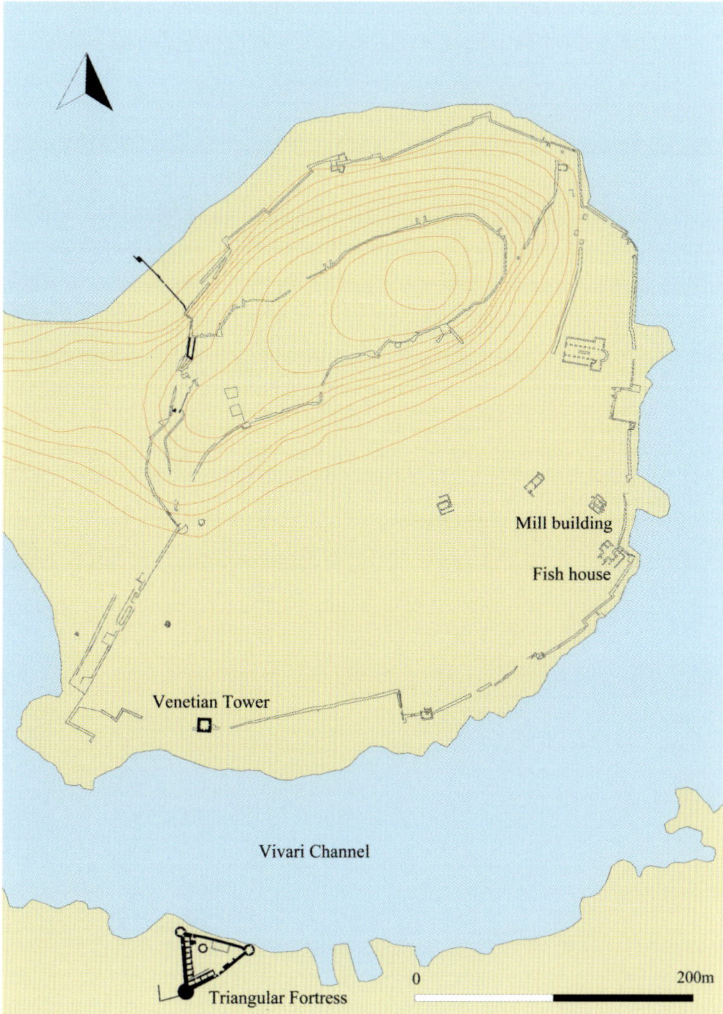

Struktura mbrojtëse veneciane

Venetian defensive structures

substantial stone buildings bear testament to Venetian investment in Butrint and, found close to the Vivari Channel by the Baptistery, were probably associated with the fishery. The largest and most elaborate is a 15th- or 16th-century house with a cross-vaulted cellar and living quarters on the first floor, a design typical of major town houses throughout the Venetian empire. The second building, heavily water-worn, appears to have had an industrial function, and may have worked as a mill.

Notwithstanding Turkish raids, seasonal flooding and a propensity for malarial conditions, fishing at Butrint remained profitable throughout the 15th and 16th centuries. During the later konsiderueshme toke "brenda mureve të enklavës" në Ksamil. Posti i kontraktorit të peshkoreve ishte një pozicion i rëndësishëm, aq më tepër që thuhet se që nga viti 1584 peshkoret siguronin të ardhurat kryesore për thesarin e Korfuzit.

Çështja për mbrojtjen e këtij burimi të rëndësishëm të ardhurash vazhdoi të ngrihej deri në shekullin e XVIII. Probleme pati për finalizimin e kontratës së vitit 1724, meqënëse vendasit kishin djegur kasollet e peshkatarëve dhe në vitin 1746 turqit e vendosur përreth enklavës morën peshkoren e liqenit të Bufit, i lidhur me liqenin e Butrintit. Kushtet e kontratës për vitin 1747 ishin shumë të rrepta dhe theksonin marrdhënien mes peshkoreve dhe mbrojtjes së zonës. Në përputhje me sërvejin e inxhinierëve kontraktori ishte i detyruar të hapte, sistemonte dhe mbante të pastër kanalet, si dhe drejtimin e lumit Pavëll, në mënyrë që kullotat përreth të mos dëmtoheshin. Piketat prej druri duhet të mirëmbaheshin e vëmendje e veçantë duhet t'i kushtohej edhe mirëmbajtjes së fortesës trekëndore dhe kullës veneciane. Lejimi i dhënies në shfrytëzim ndonjë otomani ishte rreptësisht i ndaluar.

Në gjysmën e dytë të shekullit të XVIII liçensat për të peshkuar në ujrat përreth Butrintit lëshoheshin në Korfuz dhe për shkak të

Kurthet moderne të peshqëve në liqenin e Butrinit

Modern fish-traps in Lake Butrint

16th century a certain Cristoforo Condocali was responsible for the fishery revenues. His reputation was in part built through successful negotiation with the "difficult" local people, persuading them through negotiation to secure the weir. He emerged as a saviour for Butrint in 1571-72, for when the town was "infested by the Turks" he attacked and secured the Triangular Fortress for the Venetians at his own expense. Moreover, Condocali armed and commanded his own galley at the 1571 Battle of Lepanto. Early in 1572 he began to restore the fortifications at Butrint on behalf of the State, and fought off Ottoman forces from Delvina and Ioannina that tried to prevent him. That same year he was rewarded with the title *cavaliere* (knight) and a substantial grant of land "inside the [enclave] wall" at nearby Ksamili. The post of contractor of the fisheries was a valued position, not the least since the fisheries by 1584 were said to provide the principal revenue for the Corfu treasury.

Liqeni i Butrintit

Lake Butrint

Issues of protecting this valuable revenue stream continued into the 18th century. There were problems finalising the contract for 1724 as locals had burned down the fishermen's huts, and in 1746 local Turks took the subsidiary fishery of Lake Bufi, connected to Lake Butrint. The conditions of the contract awarded for 1747 were most prescriptive, and the terms emphasise the relationship between the fisheries and the defence of the area. In accordance with an engineer's survey, the contractor was obliged to dig, restore and keep clear ditches and the diversion of the river Pavllas so that

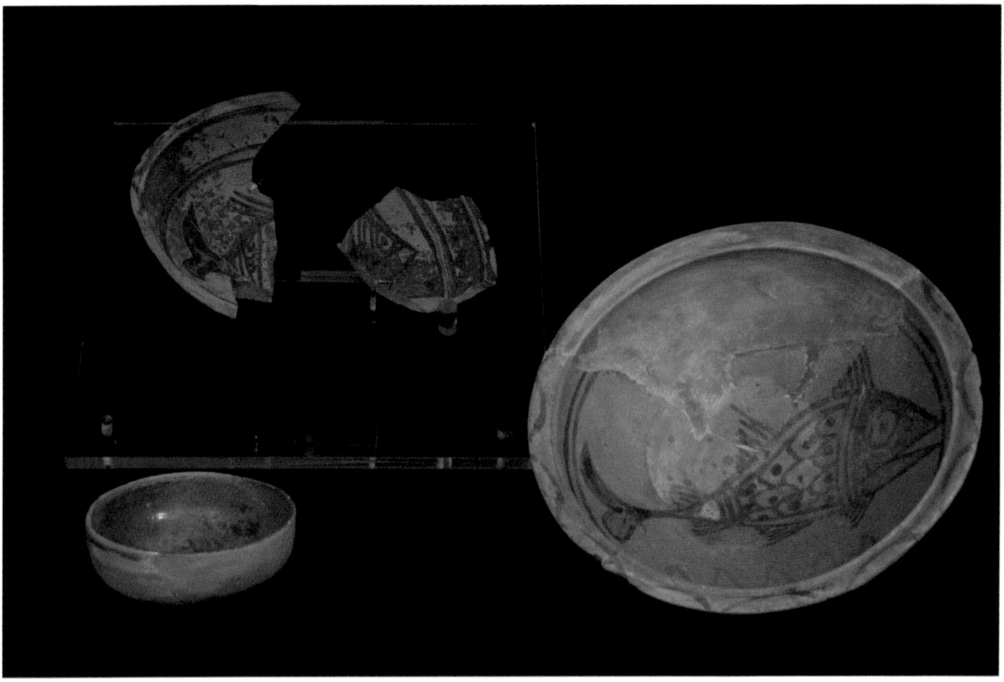

Fragmente tasash të tipit të glazuar dhe polikrom nga Italia, sot në Muzeun e Butrintit

Italian glazed and Polychrome Lead-glazed Ware bowls, now in the Butrint Museum

përhapjes së murtajës e sëmundjeve të tjera, ç'do varkë shoqërohej nga një roje, i cili siguronte mbikqyrjen e rregullave të shëndetit. Po kështu, liçensat ndalonin ç'do lloj kontakti me banorët e fortesës trekëndore apo punetorët e peshkoreve për arsye të lidhura me shëndetin publik. Vetë peshkatarët ishin subjekt i të njëjtave regulla si dhe popullsia vendase "nën ndëshkimin me vdekje" në rast të moszbatimit të tyre dhe jetonin në kasollet jashtë fortesës. Në vitin 1759 rënia e murtajës në Patër detyroi *Provveditore Generale* të mbyllte peshkoret e Butrintit ndaj ç'do lloj trafiku. Njerëzit e ardhur në Korfuz nga toka vendoseshin në karantinë për një periudhë nga 14-të deri në 40 ditë nga frika e transmetimit të sëmundjeve.

Inspektimi i gjendjes së vështirë të fortesës në vitin 1777, i kushtoi gjithashtu vëmendje të konsiderueshme dajlaneve të peshqve. U konstatua se këta ishin dëmtuar mjaft nga shkëputja e fragmenteve të tokës për shkak të rritjes së nivelit të ujit: kanalet ishin bllokuar dhe piketat ishin frakturuar, thyer ose zhvendosur plotësisht. Deri në vitet 1780 vazhduan të ofroheshin nga Korfuzi kontrata për menaxhimin e peshkoreve të Butrintit, të cilat vinin theksin tek rëndësia e mbrojtjes dhe mirëmbajtjes së këtij burimi ekonomik të vyer madje dhe në vitet e perëndimit të Perandorisë Veneciane; oficeri i punëve publike mbeti përgjegjës për përmbushjen e nevojave the surrounding grazing was not affected. Timber palisades were to be maintained, as were, most importantly, the Triangular Fortress and Venetian Tower. Subletting the tenancy to any Ottoman was strictly prohibited.

In the second half of the 18th century licences to fish in waters around Butrint were issued on Corfu and, due to outbreaks of plague and other diseases, each vessel was accompanied by a guardian to ensure that health regulations were observed. Similarly, the licences generally forbade any contact with the inhabitants of the Triangular Fortress or the workers of the fishery on public health grounds. The fishermen themselves were subject to the same stipulation as the local populace "on pain of death" and lived in huts outside the fort. In 1759 an outbreak of plague at Patras caused the *Provveditore Generale* to close the Butrint fisheries to all traffic. People arriving in Corfu from the mainland were placed in quarantine for between 14-40 days for fear of disease transmission.

The assessment of the poor condition of the fortifications in 1777 also paid considerable attention to the fish weirs. These were found to be largely destroyed by detached blocks of land caused by high waters: the ditches were blocked up and the palisades were fractured, broken or completely overturned. As late as the 1780s contracts were still being offered in Corfu for managing the Butrint fisheries, underscoring the importance of protecting and maintaining this vital economic resource even in the twilight years of the Venetian Republic; the officer of public works remained

Peshkatarë, Butrint, rreth vitit 1930 (sipas Ugolinit, viti 1937)

Fisherman, Butrint c. 1930 (after Ugolini 1937)

Rrënoja të një mulliri venecian

Remains of a Venetian mill

të ndërtesave të peshkoreve. Sërisht, ishin peshkoret ato që tërhoqën vëmendjen e britanikut, Lt. Kol. William Martin Leake gjatë vizitës së tij në vitin 1805:

> Më pas arritëm në Vivar: do me thënë në peshkoren kryesore, e cila ndodhet në anë të lumit, pothuajse përballë gadishullit mbi të cilin në kohët antike ndodhej Buthrotum. Të vetmet ndërtesa në Vivar janë një shtëpi e rrënuar e ndërtuar nga venecianët dhe pranë saj, një fortesë e vjetër trekëndore, e banuar nga një bilibash i vezirit dhe pesëmbëdhjetë apo njëzetë ushtarë.

Edhe sot peshku i Butrintit luan një rol domethënës në ekonominë e vendase dhe varkat e vogla në liqen janë subjekt liçensash brenda Parkut Kombëtar. Një version modern i kurtheve veneciane ndan rrymat e peshqve ndërmjet brigjeve të Vivarit pranë fortesës trekëndore, ndërsa peshku i Butrintit ende shfaqet në menutë e restoranteve të Korfuzit dhe të gjithë Shqipërisë.

Peshkatarë në liqenin e Butrintit

Fishermen at Lake Butrint

responsible for attending to the needs of the fishery buildings. Again, it was the fisheries that most drew the attention of the British Lt. Col. William Martin Leake on a visit in 1805:

> We then arrived at the Vivàri; that is to say the principal fishery, which is on the side of the river nearly opposite to the peninsula that was anciently occupied by *Buthrotum*. The only buildings at the Vivàri are a ruined house of Venetian construction and near it an old triangular castle, occupied by a dirty bilibàsh of the vezir and fifteen or twenty soldiers.

Even today Butrint's fish play a significant role in the local economy and small boats on the lake are subject to licence within the National Park. A modern version of the Venetian traps spans the fish runs between the banks of the Vivari close to the Triangular fortress, and Butrint fish still feature on menus in Corfu and in restaurants throughout Albania.

Fundi i enklavës veneciane

Qëndrimit të sunduesve venecianë të enklavës së Butrintit po u vinte fundi. Në vitin 1781 ishte e nevojshme të negociohej me turqit, të cilët kishin përforcuar zotërimin e tyre mbi territoret e Butrintit dhe po u mohonin të drejtat tregtareve lokalë. Tre vite më vonë *Provveditore Generale* i Korfuzit raportonte mbi problemet e vazhdueshme përgjate kufijve të enklavës ndërkohë që, qeverisësi i Butrintit po vërente lëvizje të trupave turke. Më pas, në vitin 1797 vetë Venecia kapitulloi përballë Napoleon Bonapartit, i cili paralajmëroi: *nuk dua më Inkuizicione, nuk dua më Senat; do të jem Attila për Venecian* dhe deklaroi se *luani me krahë i Shën Markut duhet të lëpijë pluhurin.* Butrinti dhe Korfuzi, pjesë të një zone të krijuar nga Traktati i Campo Formio, iu dhanë francezëve.

Butrinti i periudhës së vonë veneciane mbrohej nga një rreth kullash vëzhgimi, një prej të cilave mund të shihet mbi një shkëmb me vështrim mbi kanalin e Vivarit, sipër rrugës automobilistike në perëndim të qytetit antik. Si Butrinti edhe Korfuzi mund të shihen nga kjo pikë e për rrjedhojë, kulla zotëronte një pozicion të rëndësishëm sinjalizimi përveç mbikqyrjes së lundrimit në kanal. Rrënoja është një strukturë sub-katrore, rreth 3.00 x 2.50 m dhe përbëhet nga një ambient i vetëm, hyrja e të cilit arrihej nëpërmjet

Kulla e vëzhgimit dhe ngushtica e Korfuzit

The Watch Tower and the Straits of Corfu

The end of the Venetian enclave

The Venetian occupants of the enclave at Butrint were harried to the end. In 1781 there was need to negotiate with Turks who had enforced possession over territory at Butrint and were denying the rights of local merchants. Three years later the *Provveditore Generale* of Corfu reported on persistent problems along the enclave borders whilst the governor of Butrint witnessed troop movements on the Turkish side. Then, in 1797, Venice herself capitulated to Napoleon Bonaparte, who warned, *I want no more Inquisition, no more Senate; I shall be an Attila to the state of Venice*, and declared, *the winged Lion of St. Mark must lick the dust.* Butrint and Corfu, as part of the ensuing settlement under the Treaty of Campo Formio, were ceded to the French.

Late Venetian Butrint was protected by outlying watch towers, one of which can be seen on a spur overlooking the Vivari Channel above the modern road to the west of the ancient city. Both Butrint and Corfu are visible from this point and the tower therefore occupied an important signalling position as well as maintaining watch over navigation in the channel. The ruin is a sub-square structure, c. 3.0 x 2.50 m, containing only one chamber and entered through a single doorway reached by ladder access from the south side. The walls

Kulla e vëzhgimit

The Watch Tower

Henry Cook, Kalaja e Hajdutit *(British Museum, printime dhe vizatime)*

Henry Cook, The Robber's Castle *(British Museum, Prints and Drawings)*

një shkalle të lëvizshme në anën jugore. Muret mbijetojnë deri në lartësinë 2 m dhe ndërpriteshin nga dritare në anën lindore dhe perëndimore, të cilat vështronin nga Butrinti dhe gryka e kanalit. Është e vështirë të përcaktosh me saktësi një datë, por ky mund të jetë pozicioni ku, sipas një dokumenti venecian të vitit 1656, u sugjerua të vendosej një top për të sulmuar forcat turke të stacionuara në fortesën trekëndore. Kulla shfaqet në një vizatim të vitit 1805 nga Henry Cook me titull *Kalaja e Hajdutit.*

Një strukturë e dytë dhe padyshim më e madhe, e cilësuar si *Torre* (kullë) shihet në një hartë sërveji veneciane e vitit 1718. Ajo qëndron mbi një kodër të ekspozuar mbi moçalet, e cila tashmë është e populluar nga fshati i Vrinës. Në vitin 1722 Kostandinopoja ju ankua *Provveditore*-s së Korfuzit se venecianët po ndërtonin një fortesë në Vrinë pa lejen e tyre. Ndërsa Korfuzi mohoi në mënyrë kategorike një aktivitet të tillë, ka shumë mundësi që ky raportim të jetë në një farë mënyre, i lidhur me kullën e shënuar në hartën kadastrale. Në një hartë franceze të vitit 1826 ajo është etiketuar si *tour* (kullë) dhe një pikturë akuarel i Vrinës dhe Butrintit të parë nga kodrat në jug,

Hartë kadastrale e Butrintit e vitit 1718, detaj (Museo della Civiltà Romana)

1718 cadastral map of Butrint, detail (Museo della Civiltà Romana)

survive up to c. 2 m high and were pierced on the east and west sides by windows looking towards Butrint and the mouth of the channel. It is difficult to ascribe a date with any precision, but this may be the position where, in a Venetian document of 1656, it was proposed to mount a cannon to lay siege to Ottoman forces stationed in the Triangular Fortress. It is depicted in the 1850s in Henry Cook's drawing *The Robber's Castle*.

A second, though undoubtedly larger, structure marked as *Torre* (tower) is shown on the 1718 Venetian survey map, standing on the hill exposed above the marshes that is now occupied by the modern village of Vrina. In 1722, Constantinople complained to the *Provveditore* of Corfu that the Venetians were constructing a fort at Vrina without their permission. While Corfu strenuously denied this activity, it seems highly likely that the report in some way concerns the tower marked on the cadastral map. In a French map of 1826 it is labelled as *tour* (tower) and a watercolour of Vrina and Butrint from the hills to the south, drawn by Edward Lear in 1863, shows a large decrepit structure on the prominence of Vrina. Today,

Pamje në drejtim të Butrintit nga kepi i Stillos, nga Edward Lear (koleksioni privat i Rothschild)

View toward Butrint from Cape Stillo, by Edward Lear (Rothschild private collection)

realizuar nga Edward Lear në vitin 1836, tregon gjithashtu rrënojat e një strukture të madhe në kodrën e Vrinës. Sot, sidoqoftë, nuk gjendet asnjë gjurmë e kësaj ndërtese. Në mesin e viteve 1900-të banorë të hershëm të fshatit kujtonin shkatërrimin e mbetjeve të një

however, there is no trace of the building. In the early 1990s older residents of the village recalled the demolition of the remains of such a structure when the communist collective farm of Vrina was first built, although neither its size nor its construction were ever recorded.

This tower, referred to in accounts as the tower of Jaco or Jacco [Vrina], occupied a pivotal position in a battle between the French general Chabot and the forces of the Ottoman despot Ali Pasha in 1798. One hundred Turco-Albanians were ensconced in the tower with many more concealed in the surrounding hills. The fight to take the tower became the centrepiece of a hard-fought and bloody battle, in which – in spite of repeated charges and the bringing of Corfiote field guns and mortars to bear on the defenders – the French were repulsed in some disarray. A French infantry captain, J.P. Bellaire recorded a graphic account of the engagement:

> The General, desiring to judge the situation for himself and to direct operations in person, departed [from Corfu] for Butrint with reinforcements and

Pamje në drejtim të Butrintit nga kepi i Stillos

View toward Butrint from Cape Stillo

Topa në Butrint (Instituti i Arkeologjisë)

Cannon at Butrint (Instituti i Arkeologjisë)

strukture të tillë, me krijimin e kooperativës kolektive komuniste të Vrinës edhe pse as përmasat dhe as tipi i ndërtimit nuk ishin dokumentuar.

Kjo kullë, të cilës i referohet si kulla e Jaco-s ose Jacco-s (Vrinë) zotëroi një pozicion kyç në betejën mes gjeneralit francez Chabot dhe forcave të qeveritarit otoman Ali Pasha në vitin 1798. Njëqind forca turko - shqiptare u vendosën në kullë dhe shumë të tjera u pozicionuan në kodrat përreth saj. Luftimi për të marrë kullën u bë pika qëndrore e një beteje të ashpër dhe të përgjakshme, në të cilën - me gjithë sulmet e përsëritur dhe sjelljen e armëve të fushës e murtajave nga Korfuzi per t'i derdhur mbi mbrojtesit - francezët u detyruan të terhiqen në panik. Kapiteni i këmbësorisë franceze, J. P. Bellarie shkruan në lidhje me ngjarjen:

> Gjenerali, duke dashur të gjykonte vetë situatën dhe të drejtonte operacionet personalisht, u nis [nga Korfuzi] për në Butrint me të tjera forca dhe me gjeneralin Verriers. Në momentin kur gjenerali u shfaq mbi kodrinën pranë kullës së Jacco-s, forcat turko - shqiptare lëshuan klithma të egra dhe zbrazën armët e tyre mbi të. Ky ishte sinjali për një sulm të përgjithshëm dhe trupat armike u derdhen si nje lumë nga kodra ne luginën e vogël që i ndante forcat tona, kapërcyen Paolan [lumin Pavëll] dhe sulmuan linjën tonë me kaq furi saqë, me gjithë avantazhin e pozicionit tonë, burrat tanë u detyruan të lëshonin disa prej pocizioneve të tyre të përparuar nga frika e të gjendurit të rrethuar.

Topa në Butrint (Instituti i Arkeologjisë)

Cannon at Butrint (Instituti i Arkeologjisë)

accompanied by General Verriers. The moment that the general appeared on the hillock adjacent to the tower of Jacco, the Turco-Albanians let out a wild cry and discharged their weapons at him. This was the signal for a general attack and the enemy troops poured like a torrent from the hills into the little valley that separated our forces, crossed the Paola [Pavllas River], and attacked our line with such fury that, despite the advantage of our positions, our men were forced to give up several of their advanced posts for fear of being surrounded.

These actions placed General Chabot in grave danger as the Turco-Albanians, arriving on the summit of the hillocks that the grenadiers had abandoned, kept up a terrible fire and, uttering bloodcurdling cries, swept down on our commander.

The grenadiers, moving against the doors of the tower of Jacco were supported by the mortar and were able to direct a heavy fire of artillery and musketry against the position. Nevertheless, neither the bravery of the grenadiers, or the skill of the gunners, were able to dislodge the enemy and the bravest grenadiers were killed before they reached the tower. After a number of hours of battle we had been unable to make any headway, but had instead lost a great many men.

Këto aksione e vunë gjeneralin Chabot në rrezik të madh, ndërsa forcat turko – shqiptare, duke arritur në majë të kodrinës, të cilën hedhësit tanë të granadave e kishin braktisur, krijuan një zjarr të tmerrshëm, klithën në mënyrë të frikshme dhe u derdhën mbi komandantin tonë.

Granadierët, gjatë lëvizjes në drejtim të dyerve të kullës së Jacco-s, mbështeteshin nga murtajat dhe qenë në gjendje të drejtonin një zjarr të rëndë artilerie dhe mushqetash kundër atij pozicioni. Megjithatë, as trimëria e granadierëve dhe as aftësitë e artilierëve nuk arritën të shkaktonin zhvendosjen e armikut dhe granadierët më trima u vranë para se të arrinin në kullë. Pas orësh të tëra beteje, ne ende nuk ishim në gjendje të çanim në asnjë drejtim e ndërkohë, kishim humbur një numër të madh burrash.

Francezët në fakt, humbën mbi 50 trupa në këtë ndeshje dhe pasi u tërhoqën fillimisht në fortesën trekëndore, u larguan nga kjo e fundit për në Korfuz; por kjo ndodhi jo para se të kishin shkatërruar fortifikimin e të kishin hedhur në erë apo vënë zjarrin kullave të tre cepave të fortesës. Me këtë veprim dhe me pushtimin e territorit nga forcat otomane pas vetëm 16 muajsh sundimi francez, i erdhi kështu fundi enklavës veneciane në Butrint.

Kulla veneciane, fortesa trekëndore dhe fusha e Vrinës nga Butrinti

The Venetian Tower, the Triangular Fortress and the Vrina Plain from Butrint

Kulla e vëzhgimit dhe fusha e Vrinës

The Watchtower and the Vrina Plain

The French, in fact, lost over 50 troops in the encounter, and after having initially retreated to the Triangular Fortress, evacuated the fort for Corfu; though not before demolishing battlements and blowing up, or setting fire to, the three corner towers. With this act, and the seizure of the territory by Ottoman forces after a mere 16 months of French occupation, so ended the Venetian enclave at Butrint.

Pas enklavës: Ali Pasha, Luani i Janinës

Pas marrjes nga francezët në vitin 1798, tokat përreth Butrintit u bënë pjesë e pronave të Perandorisë Otomane dhe vazhduan të ishin "turke" deri në vitin 1912. Në fillim të shekullit të XIX ato me sa duket, kultivoheshin në pronësi të feudalëve në kuadrin e një plani për mbrojtjen e bregdetit otoman kundër korsarëve nga Afrika e veriut. Qeveritari më i rëndësishëm i zonës në këtë periudhë ishte i famshmi Ali Pashë Tepelena (1741 - 1822).

Ali Pasha ishte një udhëheqës krahinor, i cili në mënyrë progresive zgjeroi kontrollin dhe pushtetin e tij si një despot pothuajse i pavarur mbi një territor të gjerë në pjesën perëndimore të shteteve (të sotëm) të Greqisë dhe Shqipërisë, ndërkohë që autoriteti qëndror i Perandorisë Otomane po lëkundej rreth fundit të shekullit të XVIII. Nga rangu i një banditi malesh, ngjitja e tij agresive në pushtet fillimisht u mbështet por më vonë thjesht u tolerua nga turqit. Ali Pasha ndërtoi një seri kalash të fuqishme ndërsa territori i tij zgjerohej, ndër te cilat më të njohurat janë Tepelena, Gjirokastra, Janina – ku ai krijoi kryeqytetin e tij – si dhe Lëkurësi, pak kilometra në veri të Butrintit mbi një kodër që vështron mbi Sarandën e sotme. Duke qeverisur me zgjuarsi, por dhe me brutalitet të hapur, Ali Pasha u shqua për çuarjen e Epirit drejt

Dhoma kryesore e shtëpisë otomane të Zekateve, Gjirokastër

The main room of the Ottoman Zekate House, Gjirokastra

After the enclave: Ali Pasha, Lion of Ioannina

Following its capture from the French in 1798, the land around Butrint fell under the imperial estates of the Ottoman Empire and remained 'Turkish' until 1912. At the beginning of the 19th century the land was presumably farmed out as a fiefdom as part of a plan for the protection of the Ottoman coast against North African corsairs. The most prominent Ottoman agent in the area at the time was the notorious Ali Pasha of Tepelena (1741-1822).

Ali Pasha was a provincial leader who progressively assumed control and ruled as a quasi-independent despot over large areas of (modern day) western Greece and Albania, as central Ottoman authority waned around the end of the 18th century. Rising from the

Fotografi me ngjyra, Butrint, rreth vitit 1860 (familja Kavanagh, Co. Carlow, koleksion privat)

Coloured photograph, Butrint, c. 1860 (Kavanagh family, Co. Carlow, private collection)

Afresk i periudhës së vonë bizantine në kishën pranë portës së kalasë së Lëkursit

Late Byzantine wall painting in Gate Church of Likurs Castle

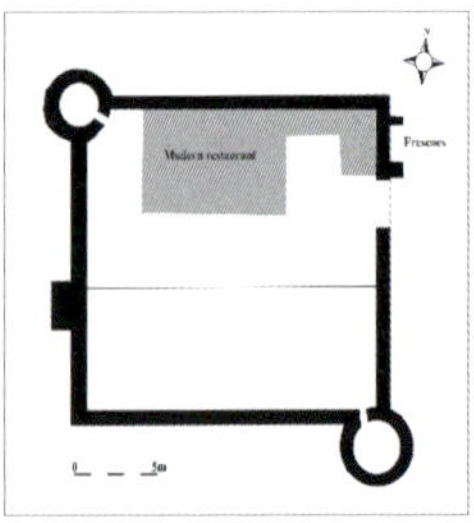

Kalaja e Lëkursit, plan

Likurs Castle, plan

përparimit dhe mirëqenies. Ai priti një seri emisarësh të njohur perëndimorë. Kështu, Lord Bajroni vizitoi pallatin e tij në Janinë, në vitin 1809 dhe e regjistroi këtë takim në veprën e tij *Pelegrinazhi i Child Harold*. Megjithatë, në fund sulltani otoman u lodh nga makinacionet e tij dhe pas një përpjekje ushtarake të shkurtër por të ashpër për t'a rrëzuar nga pushteti, Ali Pasha u vra dhe koka e tij u dërgua në Kostandinopojë, në vitin 1822.

Një fortesë e vogël në grykën e kanalit Vivari i është atribuar shpesh Ali Pashës, edhe pse ajo shfaqet në hartën kadastrale veneciane të vitit 1718. Famlijes korfiote Gonemi i ishte dhënë në zotërim toka e *Vrinës* si pronë feudale, toka që sot është fusha e Vrinës dhe një shtëpi në pronësi të tyre shënohet në krahun jugor të kanalit. Gonemët mund të kenë pasur në zotërim shtëpinë në grykën e kanalit që në këtë kohë, e me siguri ishin pronarë të saj pas vitit 1768; shtëpia kaloi në duart e Ali Pashës vetëm rreth vitit 1804. Rreth vitit 1808 ai, në mënyrë të fshehtë u kërkoi ndihmë ushtarake anglezëve kundër francezëve dhe ministri i

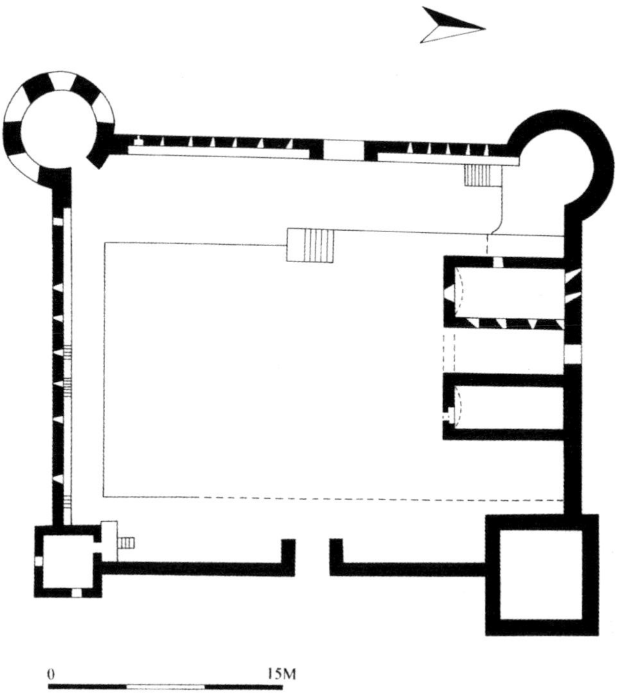

Kalaja e Ali Pashës, plan

Ali Pasha's Castle, plan

ranks of mountain brigands, his aggressive ascendancy was first supported but later merely tolerated by the Turks. Ali Pasha constructed a series of redoubtable fortresses as his territory grew, most notably at Tepelena, Gjirokastra, Ioannina - where he made his capital - as well as at Likurs, a few miles to the north of Butrint on hills overlooking modern Saranda. Governing through expediency and notorious brutality, Ali Pasha was feted for bringing renewed prosperity to Epirus. He entertained a series of notable Western emissaries, and the poet Lord Byron visited Ali Pasha's court in Ioannina in 1809, recording the encounter in his work *Childe Harold's Pilgrimage*. Ultimately though, the Ottoman Sultan wearied of his machinations, and after a short but sapping military effort to oust him Ali Pasha was assassinated and his head delivered to Constantinople in 1822.

A small fortress at the mouth of the Vivari Channel has often been attributed to Ali Pasha, although it appears on the Venetian cadastral map of 1718. The Corfiot Gonemi family held by grant the land of *Wrina* as a feudal estate, land that today is the Vrina Plain, and a house in their possession is marked on the south bank of the Channel. The Gonemis may also have owned the channel-mouth house at this time, and certainly did so after 1768; it only came in to the hands of

Kalaja e Ali Pashës, dritare për pozicionim topash

Ali Pasha's Castle, cannon port

Kalaja e Ali Pashës, kullë katërkëndshe

Ali Pasha's Castle, square tower

jashtëm, George Cunning instruktoi Lt. Kol. William Martin Leake t'i ofronte Aliut pjesë të artilerisë në këmbim të premtimit për të bashkuar të gjithë feudalët shqiptarë kundër francezëve. Deri në vitin 1819 shtëpia me siguri ishte fortifikuar, ndërsa bateritë e armëve të saj shkëmbyen përshëndetje me Fregatën Detare Britanike 40 të HMS Glasgow.

Fortesa e grykës së kanalit në gjedjen e saj të tanishme është një strukturë (22 x 30 m) me mure me kontraforta. Ndërtesa më e hershme në brendësi të fortesës është një kullë e madhe katrore e mbështetur nga tre dhoma me kube. Zona kryesore e banimit duhet të ketë qenë në pjesën e sipërme të kullës (tashmë e shkatërruar). Përreth kësaj kulle gjendet një rreth muri më i vonë i dyfishuar nga një mur tjetër i Ali Pashës, i pajisur me platforma për vendosjen e topave me pamje nga deti, Agios Georgios në Prevezë. Muri rrethues i fortesës së kanalit të Vivarit përfshin dy kulla rrethore me kontraforta dhe me frengji në drejtim të detit, ndërsa dy kulla të tjera në formë katrore, me kontraforta dhe përsëri me frëngji apo dritare qitje, vështrojnë mbi kanal në drejtim të Butrintit.

Hyrja kryesore në fortesë ndodhej nën zonën e dikurshme të banimit në anën veriore, ku dhoma qëndrore me kube, e mbrojtur nga platforma për murtaja hapej direkt në drejtim të kanalit të Vivarit; është logjike të mendohet se në këtë fazë fortesa shërbente si një bazë e vogël detare, me zonën e saj qëndrore të mbushur me ujë dhe me shkallë që ngjiteshin në nivelin e bedenave. Muri jugor në krahasim me të tjerët është dukshëm më pak i pajisur me frengji, kryesisht për shkak të pranisë së dy garderobave me harqe, me parmak dhe kanalizime që dalin në zonën ekstra-murore dhe një tjetër hark qëndror më i ulët me kanale të ngjashëm ndoshta për rrjedhen e ujrave; pranë kullës në cepin jug - perëndimor shihet gjithashtu një frëngji rrethore për qitje.

Ali Pasha around 1804. In c. 1808 Ali Pasha secretly requested military assistance from the English against the French, and Foreign Secretary George Canning duly instructed Lt. Col. William Martin Leake to present Ali with artillery pieces in a bid to unite all the Albanian chiefdoms against the French. By 1819 the house had clearly been fortified, as its battery of guns exchanged salutes with the British Naval 40 gun frigate HMS Glasgow.

The channel-mouth fort as it stands is a small rectangular structure (22 x 30 m) with battered walls. The earliest building within the later fort is a large rectangular tower supported by three barrel-vaulted rooms. The main area of occupation would have been in the upper levels of the tower (now destroyed). Around this tower is a later circuit wall, which is paralleled by another of Ali's fortifications with cannon emplacements set facing the sea, Agios Georgios in Preveza. The Vivari Channel fort's circuit includes two battered round towers with firing embrasures on its seaward side and two irregularly sized battered square towers, again with firing loops or windows, looking up the channel towards Butrint.

The principal entrance of the fort lay beneath the former dwelling space to the north, where the central vaulted chamber, protected by musket ports, opened directly onto the Vivari Channel; it is fair to assume that in this phase the fort functioned as a small naval base, with its central area filled with water and steps leading up to parapet level. The parapet ran around three sides of the fort and provided cannon platforms. The south wall has comparatively fewer firing loops than elsewhere, largely because of two arched garderobes, with rails for screens and chutes out into the extramural area and a central low arch with a similar chute, perhaps for slops; there is also a circular firing loop adjacent to the southwest corner tower.

Kalaja e Ali Pashës, Butrint

Ali Pasha's Castle, Butrint

Një koloni e vlefshme dhe e vlerësuar

Gjatë qëndrimit në duart e venecianëve, Butrinti ishte pjesë e një rrjeti të rëndësishëm fortifikimesh bregdetare, thelbësor për suksesin e perandorisë tregtare të *La Serenissima*-s nga Adriatiku në Egje, Afrikën e veriut, Levant e përtej. Si mbrojtësi dhe syri i saj i djathtë, Butrinti fitoi rëndësi edhe më të madhe duke i ofruar siguri perlës së Jonit, Korfuzit. Në të njëjtën kohë, vetë ai i siguronte mbështetje ekonomike Korfuzit nëpërmjet peshkoreve të tij të pasura, kullotat, vreshtat me fruta, burime të cilat, në këmbim kërkon mbrojtje. Për këto aryse Butrinti mbeti një koloni veneciane e vlefshme dhe e vlerësuar për 400 vite me rradhë.

Mosmarrëveshjet dhe konfliktet e Venecias me Perandorinë Otomane ishin të dëmshme; pasojat e tyre u ndien në Butrint në një nivel lokal, nëpërmjet ngacmimit të nënshtetasve venecianë e shqetësimit të vazhdueshëm të peshkoreve nga turqit në territorin fqinjë dhe në nivel ndërkombëtar, si baza e preferuar për t'u hedhur në sulm ndaj çitadelës së Korfuzit. Qyteti i Butrintit u dërrmua nga këto konflikte dhe, megjithëse kalaja mesjetare e despotëve të Epirit

Fortesa e vjetër, Korfuz

A valued and valuable colony

Butrint when in Venetian hands was, then, part of an important network of coastal fortifications imperative to the success of the *Serenissima*'s trading empire through the Adriatic to the Aegean, North Africa, the Levant and beyond. As her protector and right eye, Butrint assumed greater significance for the defence of the jewel of the Ionian, Corfu. Contemporaneously, Butrint in its own right brought economic sustenance to Corfu through its rich fisheries, timber, pasture lands and fruit groves, resources that in turn demanded safeguarding. For these reasons Butrint remained a valued and valuable Venetian colony for some 400 years.

Venice's disputes and conflicts with the Ottoman Empire were draining; their effects were felt at Butrint at a local level through the harrying of Venetian citizens and constant disruption to the fisheries from neighbouring Turks, and at an international level as the favoured launch pad for attacks on the citadel of Corfu. The city of Butrint was battered by these conflicts, and though the medieval castle of the Epirote Despots was strengthened and its

The Old Fort, Corfu

Ngushtica e Korfuzit

u përforcua dhe muret mbrojtës përreth saj u riparuan, në mënyrë progresive qyteti u bë i pa përballueshëm ekonomikisht dhe ushtarakisht me ndryshim e kohëve e të arsyeve për zotërimin e tij. Fortesa trekëndore u bë qendra e re e Butrintit, një pikë ngarkimi për Korfuzin, më e përshtatëshme për epokën e barutit dhe me përkrahjen e kullave shoqëruese me e përshtatëshme për mbrojtjen e kanalit dhe peshkoreve fitimprurëse.

Dokumente nga arkivat shtetërorë në Venecia dhe Korfuz flasin për rëndësinë që fortesa trekëndore dhe peshkoret kishin për Republikën Veneciane: sërveji dhe raporte të pa numërt përshkruajnë kushtet dhe mirëmbajtjen, si dhe marrëdhëniet ekonomike e tregtare me zonën e brendshme të territorit, të pushtuar nga otomanët. Në shumë raste, evidenca arkeologjike në zotërim duket se mbështet burimet

Afreskë të periudhës otomane në shtëpine Zekate, Gjirokastër

Ottoman wall paintings in the Zekate House, Gjirokastra

The Straits of Corfu

surrounding defences updated, it progressively became uneconomic to maintain and militarily unsuitable for the changing times and changing reasons for possession. The Triangular Fortress became the new focal point at Butrint, an embarkation point for Corfu, more suited to the age of gunpowder and, in tandem with its associated towers, better able to protect the channel and the lucrative fisheries.

The documents in the State Archives in Venice and Corfu reveal the importance of the Triangular Fortress and fisheries to the Venetian Republic: numerous surveys and reports describe their condition and maintenance, as well as the commercial and economic relationships with the Ottoman-occupied hinterland. In many instances the available archaeological evidence appears to

Flamuri civil venecian

The Venetian civil flag

dokumentare. Gjetjet prej qeramike përputhen me praninë veneciane në akropol dhe në qytetin e poshtëm nga fundi i shekullit të XIV deri në mesin e shekullit të XVI; periudha nga ky moment deri në fundin e shekullit të XVIII dëshmohet nga qeramikë e importuar e gjetur në fortesën trekëndore. Një sasi e madhe qeramike e importuar, ndoshta jo çuditërisht, vjen nga Italia veriore e qëndrore dhe cilësia e saj përgjithësisht e lartë dëshmon për praninë e një tregu të lulëzuar dhe për një prosperitet relativ të Butrinit.

Së fundi, me mbylljen e epokës së enklavës dhe marrjen e saj nga Ali Pasha, fitimtare e Butrintit doli Perandoria Otomane. Per shumë arsye, sidoqoftë, tashmë ishte tepër vonë dhe ylli Butrint në konstelacionin e Mesdheut po shuhej. Rrënojat e qytetit që po thërmohej u shkaktuan një tërheqje romantike diplomatëve dhe antikuarianëve të epokës së Napoleonit, turistëve të famshëm perëndimore dhe artistëve si Edward Lear, e me vonë dhe arkeologëve. Qyteti në gjendjen e tij të sotme, në shumë mënyra, është produkt i fushatave arkeologjike të viteve 1920-të, por nëse ende prej tij mbijeton diçka, kjo është kryesisht falë mençurisë, vendosmërisë dhe këmbënguljes së zonjës së tij të mëparshme, Më të Qetës Republikë Veneciane.

Pamje e Butrintit në drejtim të Korfuzit, nga mali i Miles

View of Butrint toward Corfu from Mount Milë

support the documentary sources. Pottery finds correlate with Venetian presence on the acropolis and in the lower city from the late 14th century until the middle of the 16th century; thereafter, imported ceramics are to be found in the Triangular Fortress until the end of the 18th century. The vast bulk of the imported wares, perhaps unsurprisingly, originate from northern and central Italy, and their general high quality testifies to the thriving market and relative prosperity of Butrint.

Ultimately, with the cession of the enclave to Ali Pasha of Tepelena, the Ottoman Empire won out at Butrint. In many ways, however, it was too little too late, and Butrint's star in the Mediterranean constellation was fading. The ruins of the crumbling city were to provide a romantic backdrop for Napoleonic-era diplomats and antiquarians, for Western Grand Tourists and visiting artists such as Edward Lear, and, later, for archaeologists. The city as it appears today is, in many ways, a construct of the excavation campaigns of the 1920s, but that anything remains at all is largely due to the resilience, determination and persistence of its former masters the Most Serene Republic of Venice.

Duke lundurar në drejtim të kalasë së Ali Pashës

Rowing to Ali Pasha's castle

Tabelë Kronologjike

Data	Sundues dhe Ngjarje në Butrint
460-të	Inkursionet e vandalëve mbi bregdetin jonian
551	Gotët të udhëhequr nga Totila plaçkisin Korfuzin dhe Epirin
586-614	Epiri pushtohet nga sllavët
881	Shën Elia i Riu mbahet peng në Butrint
shekujt IX - XI	Perandoria Bizantine
1081-1085	Dukata Normane e Pulias; Robert Guiscard
1085-1204	Perandoria Bizantine
1205-1259	Despotati i Epirit; despotët Mihal I, Teodori, Mihal II
1259-1267	Manfred Hohenstaufen (Mbret i Sicilisë)?
1267-1276	Mbretëria Anzhuine e Italisë; Karli Anzhu
1276-1278	Perandoria Bizantine; Mihali VIII
1278-1279	Despotati i Epirit; Despot Nikifori
1279-1386	Mbretëria Anzhuine e Napolit
1386-1537	Republika Veneciane
1537	Pushtuar nga sulltani otoman Sulejmani i Madh
1538-1572	Republika Veneciane
1572	Siti antik braktiset për t'u vendosur në fortesën trekëndore
1797	Rënia e Republikës Veneciane nën Napoleonin
1798	Ali Pasha mund francezët në Butrint
1804	Ali Pasha merr dhe fortifikon kalanë e kanalit të Vivarit

Chronological table

Date	Occupants and Events at Butrint
460s	Vandal incursions on Ionian coast
551	Goths led by Totila ravage Corfu and Epirote countryside
586-614	Epirus reportedly invaded by Slavs
881	St. Elias the Younger held captive at Butrint
9th-11th century	Byzantine Empire
1081-1085	Norman Duchy of Apulia; Robert Guiscard
1085-1204	Byzantine Empire
1205-1259	Despotate of Epirus; Despots Michael I, Theodore, Michael II
1259-1267	Manfred Hohenstaufen (King of Sicily)?
1267-1276	Angevin Kingdom of Italy; Charles of Anjou
1276-1278	Byzantine Empire; Michael VIII
1278-1279	Despotate of Epirus; Despot Nichephorus
1279-1386	Angevin Kingdom of Naples
1386-1537	Venetian Republic
1537	Captured by Ottoman Sultan Suleiman the Magnificent
1538-1572	Venetian Republic
1572	Ancient site abandoned for the Triangular Fortress
1797	Fall of the Venetian Republic to Napoleon
1798	Ali Pasha defeats the French at Butrint
1804	Ali Pasha acquires and fortifies Vivari Channel castle

Fjalorth

Bilibash	komandanti otoman i një grupi të vogël prej (rreth 20) ushtarësh
Castellan	oficer lokal që komandonte një kala veneciane
Castrum	kala ose fortesë
Comestabilis	kapiten ose zyrtar që drejtonte Butrintin venecian
Garderobë	banjë
Kontrafortë	pjesa e poshtme e një muri me faqen e jashtme të pjerrët për të ofruar qëndrueshmëri
Portkulis	një portë e rrëshqitshme prej hekuri ose druri në hyrje të një fortifikimi; mund të ulet në gjysëm të lartësisë së hyrjes për të penguar aksesin në fortifikim
Postern	portë e vogël dytësore
Proteikismë	mur i ndërtuar në një pikë kyçe për sistemin mbrojtës të zonës përreth një fortifikimi
Provveditore Generale	komandanti i përgjithshëm venecian
Ravelin	një ndërtim në mur apo ledh dheu në formë V-je për mbrojtjen e frotifikimit kryesor si dhe për të mbuluar pozicionet e luftimit
Porta e Lartë	pallati perandorak otoman në Kostandinopojë; qeveria e Perandorisë Turke

Glossary

Bailey	an outer defensive wall and outer courtyard of a castle
Batter	a slope on the outer face of a wall that recedes from bottom to top
Bilibàsh	Ottoman commander of a small group (c. 20) of soldiers
Casement	a casing, or covering (of stone)
Castellan	a local officer commanding a Venetian castle
Castrum	a castle or fortress
Comestabilis	a captain or official in charge of Venetian Butrint
Enceinte	a defensive wall or enclosure
Garderobe	a latrine
Glacis	a slope extending down from a fortification
Portcullis	a sliding gate of iron or wooden grating suspended in the gateway of a fortified place; can be lowered to prevent access
Postern	a small gate
Proteichisma	a forewall set in front of a principal line of defence, an outwork
Provveditore Generale	the Venetian supreme commander
Ravelin	a detached V-shaped outwork of walls or banks guarding the main defences and covering its own firing positions
The Sublime Porte	the Ottoman court in Constantinople; the government of the Turkish Empire

Bibliografi e zgjedhur
Select Bibliography

Bowden, W. (2003) *Epirus Vetus. The Archaeology of a Late Antique Province.* London, Duckworth.

Ceka, N. (2002) *Buthrotum.* Tirana, Cetis.

Ćurčić, S. and Hadjitryphonos, E. (1997) (eds) *Secular Medieval Architecture in the Balkans 1300-1500 and its Preservation.* Thessaloniki, Aimos.

Davies, S. (2006) *Late Venetian Butrint, 16th to 18th centuries.* Unpublished report for the Butrint Foundation.

Hammond, N.G.L. (1967) *Epirus.* Oxford, Oxford University Press.

Hodges, R. (2006) *Eternal Butrint. A Unesco World Heritage Site in Albania.* London, General Penne Publishing.

Hodges, R. (2007) *Saranda, Ancient Onchesmos. A short History and Guide.* Tirana, Migjeni.

Hodges, R. Bowden, W. and Lako, K. (2004) (eds), *Byzantine Butrint. Excavations and Surveys 1994-99.* Oxford, Oxbow Books.

Ugolini, L.M. (1937) *Butrinto. Il mito d'Enea, gli scavi.* Rome, Istituto Grafico Tiberino.

Vroom, J. (2005) *Byzantine to Modern Pottery in the Aegean: An Introduction and Field Guide*, Utrecht, Parnassus Press/Bijleveld.

Vroom, J. (2006) Corfu's right eye: Venetian pottery in Butrint (Albania). In M. Guštin, S. Gelichi and K. Spindler (eds.), *The Heritage of the Serenissima. The Presentation of the Architectural and Archaeological Remains of the Venetian Republic*: 229-236. Izola/Venice, Zalozba Annales.

Printed in Italy, July 2007